Einmal Himmel und zurück

Vorfreude auf das Leben "danach"

Rudi Bacher

Vorwort

Träume sind etwas Wunderbares. Der Mensch träumt fast bei jedem Schlaf. Gegenüber den meist kurzen, unangenehmen Träumen überwiegen die Schönen, die Angenehmen. Manchmal kann ich mich genau erinnern, was ich geträumt habe, manchmal nicht. Traumstudien bestätigen, dass Träume bisweilen die beste Therapie für Problembewältigung im Alltag sind. Es gibt Indianervölker, die ihre Träume präzise analysieren. Sie kennen keine Depression, keinen Suizid und schon gar nicht das, was unsere heutige Zivilisation Burnout nennt. Träume muss man pflegen. Auswerten. Nachdenken, was sie mir deuten wollen. Sie sagen mir, womit ich mich beschäftigen, oder was ich unterlassen soll. Wenn ein Traum mich immer wieder plagt, dann sagt mir das, dass ich etwas unterlassen oder mich weniger mit etwas beschäftigen soll, je nachdem, womit mich dieser Traum peinigt. Wenn das Thema eines Traumes angenehm ist, dann sagt er mir, ich soll mich mehr um dieses Thema kümmern.

Eine dieser Traumstudien hat mir meine eigene Erfahrung bestätigt. Meine geliebten Eltern sind einem Verkehrsunfall zum Opfer gefallen. Ich litt darunter sehr. Wochen danach hatte ich Träume ganz besonderer Art. Ich träumte von meinem Lieblingshobby, der Fliegerei. Und ich merkte im Traum – jetzt ist es Zeit, aufzuwachen, aber ich wollte nicht! Auf sonderbarer Weise konnte ich diese Träume im Halbschlaf zu Ende bringen, das Aufwachen hinauszögern. Ich konnte sogar Teile eines früher geträumten Traumes neuerlich aufrufen und dort, wo

4

ich stehengeblieben war, fortsetzen. Diese Fortsetzungen waren nicht immer zusammenhängend, ergaben aber doch ein Gesamtbild. Alle diese Träume waren friedvoll und ich konnte mich nach dem Aufwachen erinnern und daran erfreuen. Leider verschwanden diese wunderschönen Traumerlebnisse nach einigen Wochen. Diese vorhin erwähnte Traumstudie deutete an, dass Menschen, die ein traumatisches Erlebnis zu verarbeiten haben, manchmal von diesem Phänomen heimgesucht würden, und genau das war bei mir der Fall. Da erhebt sich die Frage, warum man immer nur bei bösen Erlebnissen von Traumata spricht - Träume können ja auch schön sein.

Ich versuche nun, in diesem Buch einige Sequenzen meiner Träume wiederzugeben. Teile davon sind frei erfunden, passen aber wohl zum imaginären Bild „meiner" Himmelsvorstellungen, die bei jedem Menschen anders sein können. Es liest sich vielleicht eher wie das Drehbuch eines Hollywoodfilmes als eine wissenschaftliche Analyse. Der Leser möge selbst entscheiden, ob ihm meine Vorstellungen von Himmel und Hölle gefallen oder nicht.

Die Träume, von denen ich berichte, beginnen mit der Ankündigung weiterer Traumerfahrungen in der Zukunft, setzen sich fort mit der Verarbeitung alltäglicher Erlebnisse sowie der eigenen Vorstellungen vom Leben „danach", und enden abrupt.

Die Ankündigung

Ich bin eingeschlafen, oder glaube jedenfalls, mich in einer Phase des Tiefschlafes zu befinden. Ich nehme wahr, dass ich mich in einem Traum, auf einem meiner ausgedehnten Spaziergänge im Wald befinde. Es ist ziemlich dunkel, und mir begegnet ein seltsames Licht, das mich einholt und nicht von meiner Stelle weicht.

„Wer oder was bist Du?", frage ich.

„Mein Name ist nicht wichtig, aber Du wirst bald einen Namen für mich finden, so wie Ihr Menschen zwanghaft alles und jedem einen Namen gebt."

„Was heißt ihr Menschen? Bist Du denn kein Mensch?"

„Biologisch betrachtet – Nein. Aber spirituell kannst Du mich ohne weiteres personifizieren, ich habe nichts dagegen."

„Dann bist Du ein spirituelles Wesen? Ein Geist ? Oder gar der Tod?"

„Nenne mich bitte nicht so. Das hat so etwas Angst einflößendes an sich. Ich will Dir keine Angst machen! Es würde mir nichts ausmachen, wenn Du mich so nennst, sofern Du diese Worte nicht mit all den negativen Attributen versiehst, mit denen Ihr Menschen dem Tod begegnet. Ich bin Dir zugeteilt, vielmehr hast Du mich selbst ausgesucht, aber daran kannst Du Dich nicht mehr erinnern, denn das Erinnerungsvermögen hast Du ja erst später bekommen. Das war Teil Deiner Entwicklung."

„Dann bist Du so etwas wie ein Behüter, ein Schutzengel?"

„Das gefällt mir schon viel besser. Ja, Schutzengel gefällt mir. Obwohl Eure Vorstellungen von Schutzengeln schon sehr begrenzt sind. Wie überhaupt Eure Phantasie, genauso wie Euer Glaube, so furchtbar eng und limitiert ist. Von der Tradition vorprogrammiert, von den Vorstellungen der Eltern und Erzieher gestempelt, von den eigenen Wahrnehmungen geprägt und in eine Schiene gepresst, aus der Du nur schwer ausbrechen kannst."

„Wie sollte sie denn sein, die Phantasie?"

„Das kann ich Dir nicht beschreiben. Nicht mit Worten, die Du verstehen würdest. Vielleicht könnte ich Dir jemanden senden, der Dir einen winzigen Einblick geben kann, in das Vorzimmer sozusagen, von dem, was ihr Hölle oder Himmel nennt. Du kannst mir vertrauen. Ich weiß, Vertrauen kann man nicht fordern, man muss es erwerben. Aber, habe ich das nicht schon längst getan - mit den Träumen, die ich dir geschickt habe?"

„Wenn Du ein spirituelles Wesen bist, ein Schutzengel oder so etwas ähnliches, dann bist Du ein Gesandter Gottes – oder gefällt Dir dieses Wort auch nicht? Und wenn Du von Gott gesandt bist, wie kannst Du von mir Vertrauen einfordern? Darf ich Deinen Blick richten auf die vielen unschuldigen Opfer von Verbrechen; die vielen Hungertoten; die in Kriegen Gefallenen; die unter unsagbaren Schmerzen Dahinsiechenden, bis sie endlich die Gnade des Todes erfahren; die Opfer des Naziregimes oder anderer Machtsysteme; die Behinderten; die Gelähmten, Blinden, Tauben, Stummen, von Schmerzen gequälten; die Alleingelassenen; die Ausgebeuteten; die Verfolgten; die in dauernder Armut Lebenden; die Trauernden; die Geschlagenen; den Opfern der Inquisition und anderer Verbrechen, an denen die Religionen der Welt maßgeblich beteiligt waren, und, und, und ..."

„Lass Deiner Enttäuschung ruhig freien Lauf. Es zeigt mir, dass Du Dir Gedanken machst. Mach aber nicht den Fehler, die Verantwortung auf uns oder gar auf GOTT zu schieben. Das Wort ‚Schutzengel' ist zwangsweise verknüpft mit Vorstellungen Deiner Gedankenwelt. Ebenso wie auch das Wort ‚Gott' von jedem Theologen anders interpretiert wird. Besser gefällt mir schon das Wort Jahwe oder übersetzt ‚Ich will unter Euch sein, als der ich unter Euch sein will'. Nicht leicht zu verstehen, ich weiß, aber mit den Übersetzungen ins Menschliche habt ihr eben Eure Probleme. Ich wähle absichtlich diese Formulierung, weil Menschen dazu neigen,

1. zu glauben, Gott hätte sie verlassen, sobald sie unerwartete Schicksalsschläge treffen. ER ist aber immer da, ob wir wollen oder nicht.

2. 2.weil ER in einer Art und Weise da und gefällig sein sollte, wie wir ihn gerade haben möchten, nicht so wie ER unter uns sein möchte. Wenn zum Beispiel ein guter Freund im Sterben liegt, uns ein Unglück befällt oder wir an einer unheilbaren Krankheit leiden, so machen wir Gott verantwortlich, aber wenn alles eitel Wonne ist, so möge ER doch – bitteschön – bleiben wo er ist."

„Nun kenne ich Dich erst seit Kurzem und schon tauchen mehr Fragen auf, als mir lieb ist. Welche Vorstellung sollte ich mir von Gott machen? Was bedeutet dieses Wort? Wer, wenn nicht ER, trägt die Verantwortung für das viele Unheil und Ungerechtigkeit auf der Welt? Gibt es ein Leben nach dem Tod? Wie sieht es aus? Was ist Himmel, was ist Hölle? Was für einen Einblick kannst Du mir bieten?"

„Halte ein! Ich habe nicht so viel Macht, Dir all diese Fragen zu beantworten. Ich führe Dich nur. Die Macht, diese Fragen zu beantworten, hast Du selbst. Du musst es nur wollen. Nicht mit wissenschaftlicher Akribie, sondern mit kindlichem Gemüt. Nicht mit Skepsis, sonder mit Glauben. Nicht mit Besserwissen, sondern mit Demut und Geduld. Demut hat mit Mut zu tun, und Geduld mit dulden. Das ist sehr wichtig zu wissen in der heutigen Zeit, in der jeder alles sofort und auf der Stelle haben will.

Ich kann Dir auch keinen Einblick geben im Sinne von Realität. Mit der Wahrheit ist das so eine Sache. Wahr ist für jeden Menschen nur das, was er als wahr empfindet, geprägt von seinem Lebensstil und seiner ihm eigenen Vorstellungsgabe. Ich kann mich aber Deiner Träume bedienen, sie dienen dazu, Unverarbeitetes aufzuarbeiten. Voraussetzung ist, dass Du das wirklich möchtest. Das wollen leider die wenigsten, darum bleiben sie in ihrer Gedankenwelt gefangen, alleine und hilflos, weil der Andere ohnehin nie Recht hat und sie sich aus Furcht vor dem Unbekannten gar nicht ändern wollen. Du musst bereit sein, Dich auf Unbekanntes einzulassen und Du musst immer wissen, dass das, was Du träumst, Deiner Gedankenwelt angeglichen ist. Die Wahrheit ist viel umfassender, unbeschreiblich und gänzlich anders. ER will unter Euch sein, als der ER unter Euch sein will, und nicht als der, als den ihr IHN haben wollt. Die Träume, die Dich erwarten, sind ein Produkt Deiner Einbildungskraft. Sie kommen der Wahrheit nicht annähernd nahe und würden von jedem Menschen, dem Ähnliches angeboten

9

würde, anders wahrgenommen. Die auf Details des Jenseits abzielende Neugier kann damit nicht befriedigt werden und ist auch nicht das Ziel dieses Angebotes. Es ist dies lediglich eine von Millionen Möglichkeiten, der Versuch einer Erklärung spiritueller Vorgänge. Möchtest Du das?"

„Ja, unbedingt, mein Drang nach Wissen über das Leben ‚danach' ist unbändig."

„Das klingt schon wieder voll von Vorurteilen, vorgefasster Meinungen, vergiss das alles. Aber wen, möchtest Du, den ich Dir als Begleiter mitgebe? Gibt es einen Menschen, der in Deinem Leben volles Vertrauen hatte?"

„Da gibt es viele. Meine Eltern zum Beispiel oder meinen Bruder."

„Nein, keinen Verwandten oder gute Bekannte. Als Begleiter möchte ich lieber einen Außenstehenden; jemand, den Du geachtet hast; aber jemand, zu dem der Kontakt nicht zu intensiv war, vielleicht einen Pädagogen?"

„Mein Vertrauen zu Lehrern wurde vielfach enttäuscht, doch ein paar gab es da. Aber da fällt mir eine Person ein, die mein volles Vertrauen bis zum Ende hatte. Es war mein Fluglehrer. Wir haben uns zwar selten über persönliche Dinge unterhalten, aber ich hatte immer den Eindruck, zu ihm könnte ich auch kommen, wenn ich in einer Notlage wäre. Er würde mir weiterhelfen. Er ist leider an Krebs verstorben."

„Das scheint der Richtige zu sein. Wir wollen es mit ihm versuchen."

Eigenartig. Ich hätte schon längst erwachen sollen aus diesem Traum. Es war so ein klarer Traum, ich glaube man nennt so etwas luzide Träume. Mir war während des

Traumes voll bewusst, dass ich träume, und doch war der Traum so wirklich wie das Bewusstseins im Wachzustand. Mir war so, als würde ich aufwachen, wollte aber diesen Traum zu Ende träumen, was scheinbar auch gelang. Nicht nur diese Situation ist mir neu, auch der Traum war so voller Frieden und Ruhe. Dann das Wissen um einen Schutzengel, ich fühle ihn noch jetzt direkt neben mir, über mir, in mir. Ein Traum von der Art, aus der man eigentlich gar nicht aufwachen möchte. Sollte dies ein Hinweis sein, dass es eine Fortsetzung gibt?

Wenn es so ist, dann freue ich mich jetzt schon auf den nächsten Traum. Lassen wir es einfach kommen, wie es kommen möge. Selbst wenn diese Niederschrift meiner Träume manchen Menschen Furcht und Angst einflößt, ich kann versichern, von Angst war keine Spur. Da war überall das totale Vertrauen und Zuversicht. Und die Stimmung war etwa so, wie es Sterbende oft beschreiben, wenn sie scheinbar Verstorbene zu sehen glauben und mit ihnen Kontakt aufnehmen.

Die Reise

Ich finde mich auf dem Rücksitz eines alten Chevrolet. Eines jener Fahrzeuge, die mich als Freund alter Autos immer faszinierten. Mein Bruder fährt den Oldtimer. Wir waren beide immer verrückt nach Autos. Über Chevys unterhielten wir uns jedoch nie, ganz abgesehen davon, dass wir je so ein Auto gefahren hätten. Auf dem Beifahrersitz ein Schulfreund meines Bruders, mit dem wir schon sehr schöne gemeinsame Ausflüge und Urlaube unternommen hatten.

Aber wo sind wir? Ich kenne die Gegend nicht, war noch nie da. Es könnte sich um eine Wüstengegend handeln, etwa so, wie ich mir von Reiseberichten her Australien, Mexiko oder den Süden Nordamerikas, etwa Texas oder Arizona vorstellen würde. Die Gegend ist einsam und trostlos - keine Ortschaft, nur vereinzelte Siedlungen, fast wie verlassene Goldgräberstädte. Selten findet man eine Kurve auf dieser einspurigen, nur in Teilstücken asphaltierten Straße. Kilometerlange Gerade, soweit das Auge reicht. Ich blicke hinter mich, die bedrohlich scheinenden Wolken kündigen ein aufziehendes Gewitter an, aber vor uns blauer Himmel. Jetzt erst bemerke ich die brütende Hitze, es muss weit über 30 Grad haben.

Stunden scheinen wir schon unterwegs zu sein, doch plötzlich wird die Straße breiter und ist nun sogar asphaltiert. Rechts und links der Fahrbahn stehen alte Flugzeuge und einige Autos. Rechts vor uns ein Gebäude, das wie eine Scheune aussieht, mit einem Aussichtsturm, daneben ein Windsack.

„Die verwenden doch glatt die Straße als Runway für Flugzeuge", sagt mein Bruder. „Ja klar", denke ich mir, warum sollten sie in so einer gottverlassenen Gegend auch einen eigenen Flugplatz neben der Straße bauen?" Meine Blicke streifen die vielen bunten Pipers und Cessnas, aber ich erkenne keine Hoheitszeichen oder Flugzeugkennungen.

Da plötzlich ist mir, als erkannte ich einen alten Freund wieder, mein ehemaliger Fluglehrer. „Das kann doch nicht sein, der ist ja schon längst gestorben", rufe ich meinem Bruder zu. „Bleib stehen, schnell!"

Egon, so hieß mein Fluglehrer, stand auf der Tragfläche einer zweisitzigen Piaggo P.29, ein italienisches Aufklärungsflugzeug aus dem 2.Weltkrieg. Er war eben dabei, die Kabinenhaube zu öffnen. Noch bevor das Auto zum Stillstand kam, riss ich die Tür auf und rannte quer über die Straße auf Egon zu.

Unser Freund Stefan fasste meinen Bruder am Arm und fragte: „Wer ist Egon? Was heißt das – er ist schon längst gestorben?"

„Über Egon kann ich Dir einiges erzählen, aber alles andere ist auch mir ein Rätsel.", antwortete er. „Egon war Fluglehrer. Der beste, den ich kannte. Mein Bruder und ich beschlossen eines Tages, Fliegen zu lernen. Unsere erste Begegnung mit ihm war am Flugplatz, als wir uns zögernd nach einer Ausbildung zum Privatpiloten erkundigten. Er kam gerade von einem Flug zurück und sagte zu uns: ‚Ihr wollt Fliegen lernen? Steigt ein, ich will Euch etwas zeigen!' Sodann hoben wir uns in die Lüfte und er zeigte uns die Stadt über München. Was heißt über? Von allen Seiten. München war unten, oben, rechts, links, überall. Unbeschreiblich, dieses Gefühl in der Magengrube. Ich weiß noch immer nicht, warum mir damals nicht hundeübel geworden war. Es war wohl das unerklärliche Vertrauen, das dieser unbekannte Pilot ausstrahlte. Als wir wieder landeten, fragte er uns mit einem breiten Grinsen im Gesicht: ‚Wollt ihr immer noch fliegen lernen?' ‚Und wie, war unsere Antwort', begierig, diese Flugkünste selbst einmal zu Wege zu bringen. ‚Dann ist es gut' meinte er, und schrieb uns zum Kurs ein."

„Dein Bruder erwähnte, dass er gestorben sei. Wann und wo ist er abgestürzt?", fragte Stefan, immer noch verwirrt.

„Jeder von uns glaubte, dass er irgendwann seinen Tod in der Fliegerei finden würde; nein, er starb an Lungenkrebs. Das war für uns alle eine Schreckensbotschaft. Aber eigentlich erklärlich, war er doch starker Kettenraucher. Aber lass mich jetzt zu ihm."

Wir lagen uns immer noch in den Armen, als mein Bruder zu uns kam und Egon ebenso überschwänglich begrüßte, während ich Stefan nachdenkend auf der gegenüberliegenden Straßenseite auf der Frontscheibe unseres Autos gelehnt sitzen sah.

Wir begaben uns zusammen in ein kleines Fliegerrestaurant zwischen zwei Hangars und frischten unsere früheren Erlebnisse auf. So lebendig war Egon vor uns, dass keiner mehr an das Rätsel seiner leibhaftigen Gegenwart dachte, als plötzlich Egon zu mir sagte: „Ich muss wieder weiter, kommst Du mit?"

„Wohin fliegst Du denn?", fragte ich.

„Als ob das wichtig wäre. Du weißt ja nicht einmal, wo Du im Moment bist!"

Wie die Faust aufs Auge. Das saß. Ich überlegte einen Moment. Ein Flug mit Egon wäre natürlich wieder einmal ein Erlebnis. Müsste ich Angst haben?

„Nein", sagte Egon, kurz und bündig. Er konnte offensichtlich meine Gedanken lesen. Wieder ein kleiner Schock für mich, aber bei Egon musste ich immer auf alles gefasst sein.

„Dann komme ich mit!" sagte ich mit einem Blick zu meinem Bruder, der mir nickend zu verstehen gab, dass er einverstanden war. Jemand musste ja schließlich bei unserem verwirrten Freund Stefan bleiben und außerdem wäre in der zweisitzigen Piaggo ohnehin kein Platz mehr gewesen.

„Dauert nur ein paar Minuten", sagte Egon zu meinem Bruder, als er das Verdeck vorschob und verriegelte.

„Keine Starterlaubnis, kein Kontakt mit der Flugsicherung?", fragte ich Egon über unsere Funkverbindung, während er auf die Straße rollte, die hiermit zu einer Rollbahn umfunktioniert wurde.

„Ist nicht notwendig", sagte er, „wir kommunizieren gedanklich und Kollisionen sind ohnehin ausgeschlossen. Aber frage nicht so viel, Du wirst bald mehr verstehen. Deine Augen, deine Ohren, all deine Sinne werden übergehen vor Freude und Glück. Genieße es einfach."

In der Luft gingen meine Sinne immer schon über vor Freude und Glück. Ich selbst gab die Fliegerei auf, als ich von Egons Tod erfuhr. Aber ich genoss immer jede Minute in der Luft, auch später als einfacher Passagier. Die Erde unter mir zu wissen, alles so klein und übersichtlich, das reduzierte alle meine Sorgen auf ein Minimum. Ich winkte noch Stefan und meinem Bruder zu, als das Flugzeug abhob, und bald verlor ich sie aus den Augen.

Vor uns bedrohliche Wolken. Er wird doch nicht direkt in dieses Gewitter hineinfliegen, dachte ich bei mir. Es begann zu hageln, und Eis bildete sich auf den Tragflächen. Ich wusste, dass das gefährlich werden konnte, wenn den Steuerungselementen die Beweglichkeit genommen würde. Blitze krachten hernieder, und plötzlich traf ein Blitz das Flugzeug und eine schrille Helligkeit durchfuhr das Cockpit. Die elektronischen Geräte waren perdu, und die mechanischen kaum mehr zu steuern. Die Ruhe Egons provozierte mich. Er tat, was er immer tat. Das Unerwartete.

Dann aber passierten eigenartige Dinge mit mir. Ich schien die Gedanken Egons lesen zu können. Wir kommunizierten gedanklich!

Er fragte mich, wovor ich mich denn fürchte? Was für eine Frage? Wenn das nicht zum Fürchten war, was dann? Aber auf einmal lichteten sich die Wolken, und der blaue Himmel trat hervor.

Nicht nur das. Das Flugzeug schien sich aufzulösen, ich selber löste mich auf. Mein Körper löste sich wie in Luft auf, so wie das Flugzeug. Ich hatte plötzlich das Gefühl, nur noch geistig zu existieren. Alle Materie war nur noch geistig. Als könnte ich den Moment greifen. Ich, nein, mein Geist flog wie ein Vogel. Sagte ich mein Geist? Nun, wie sollte man es sonst nennen, wenn man mit einem Mal nicht mehr im Korsett eines Körpers steckt?

Ich war entsetzt und überwältigt. Alle Sinne in mir waren so gegenwärtig und hundertprozentig, wie ich es noch nie erlebte. Ich hörte Musik, so wie ich diesen Film untermalen würde. Aber es war kein Film. Ich roch die Düfte der Blumen auf den grünen Wiesen und Wäldern weit unter mir. Wälder und Wiesen? Wir starteten doch gerade in der Wüste? Egal, meine Augen konnten sogar das Entfernteste am Horizont noch glasklar ausmachen, und ich konnte alles hören, worauf ich mich gerade konzentrierte. Das muss das Leben in Fülle sein, dachte ich bei mir, so, wie es Jesus versprochen hatte; aber Egon meint, dass ich davon noch weit entfernt wäre.

Egon? Ich hatte ihn inzwischen ganz vergessen, aber er kommunizierte noch mit mir, gedanklich - oder sollte ich auch hier sagen - geistig? Unter mir sehe ich die herrliche Landschaft von Feldern, Flüssen, Seen und Bergen, sogar Autostraßen und Züge, die sich wie bei Modelleisenbahnen in die Landschaft einbetten. Wenn ich mich auf die Eisenbahn unter mir konzentriere, kann ich sogar die Menschen in den Waggons sehen, sie hören. Alle meine Sinne sind so wach, dass ich sogar ihre Gedanken lesen kann. Ich möchte mit ihnen reden, aber sie hören mich nicht.

„Erkläre mir bitte", wandte ich mich an Egon.

Aber er unterbrach mich: „Liebe Bekannte aus deinem Leben werden dir das Notwendige erklären".

„Liebe Bekannte aus meinem Leben?"

„Ja, sagen wir so: Menschen, die dir hierher vorausgegangen sind. Du wirst ihnen bald begegnen. Lass einfach das Privileg, hier zu sein, auf dich wirken."

„Wir sind angekommen", riss mich der Gedanke Egons aus meinem tranceähnlichen Zustand. Keine Landepiste, keine Flugzeuge, aber es musste wohl ein Flugplatz sein, sonst hätten wir ja nicht landen können. Das ist allerdings die kleinste der Fragen, die mich jetzt beschäftigte.

„Wo sind wir?", fragte ich wissbegierig.

„Das wirst du später einmal genau beantwortet bekommen. Nenne es einfach eine Art Vorstufe", ließ mich Egon wissen.

„Vorstufe zu was?", fragte ich zurück.

„Vorstufe zum vollendeten Leben, immerwährender Suche oder ewiger Verdammnis. Wofür immer du dich entscheidest. Dein Leben hat dich vorgeprägt. Alles, was du getan oder nicht getan hast, war wichtig. Mitbestimmend, für welche Richtung deiner Wege du dich jetzt entscheidest. Was immer du im Leben versäumt hast, kannst du hier nachholen, korrigieren oder vollenden. Du bist aber nur Gast, Dein Leben ist noch nicht zu Ende gelebt. Ich weiß, du möchtest hierbleiben, aber ich muss dich wieder zurückbringen".

„Wann soll das sein?", wundere ich mich.

„Wenn du so weit bist. Vergiss die Zeit, Zeit ist Beschränkung. Und so etwas wie Schranken gibt es hier nicht, außer die, die du selbst setzt.

„Dann haben also all jene Recht, die sagen, dass Himmel und Hölle nur ein geistiger Zustand ist?", frage ich.

„Um Himmels Willen, nein, das wäre ein häretischer Gedanke. Mit der Hölle magst du in diesem Fall Recht haben, sehr Recht sogar. Aber es gibt nichts Reelleres, nichts Wirklicheres, nichts Wahrhaftigeres als den Himmel. Jeder Gedanke, jede Tat, jede Entscheidung, die du triffst – und derer gibt es viele täglich – ruft eine Veränderung in dir hervor. Und diese Veränderungen harmonieren mit deinem Inneren, deiner Umgebung, mit Gott.

Oder aber sie verursachen Unruhe, Streitigkeit, stören den Frieden mit dir selbst, deinen Mitmenschen und helfen so der gegenteiligen Sache. So kannst du dich für die Wahrheit oder für den Trug entscheiden. Viele religiöse Lehrer wollen dir weismachen, dass, je mehr Gebote du hältst und je weniger Verfehlungen du dir aufladest, desto näher du dem Himmel bist. Das stimmt so nicht ganz. Auch Petrus, Paulus und alle Heiligen standen schon immer im Konflikt mit Gesetzen. Gesetze, Regeln, Gebote sind zwar notwendige Richtlinien, entscheiden musst du aber in jeder Situation selbst, der Sache und der Situation entsprechend. Und das kann manchmal auch gegen das Gesetz oder gegen die Tradition sein. Und man darf sich jederzeit ändern, jeden Tag neu beginnen. Jeder Heilige hat eine Vergangenheit und jeder Sünder eine Zukunft. Hier oben aber fällt jede Korrektur wesentlich schwerer und ist mit großen Mühen verbunden, weil man immer über seinen eigenen Schatten springen muss. Das ist es, was ihr „Hölle" nennt".

„Was muss ich machen, wonach kann ich mich richten, um den richtigen Weg zu gehen?"

„Der heilige Augustinus wurde von seinen Freunden gefragt, als er sie verließ: Was sollen wir jetzt machen?

Er gab ihnen zur Antwort: Liebet einander und macht was ihr wollt."

„Aber wie weiß ich, was die Liebe will?"

„Jesus ist Liebe. Erinnere dich an die vielen Situationen Jesu im Neuen Testament. Er verstößt gegen viele jüdische Gesetze, vor allem gegen den Sabbat. Nicht aus Protest oder Trotz, sondern weil die Situation es erfordert. Er war nie darauf aus, Gesetze zu brechen."

„Dann wäre es ja am einfachsten, sein eigenes Tun und Denken dem anzupassen. In fast jeder Situation könnte man sich die Frage stellen: Was würde Jesus jetzt machen?"

„Genau. Nichts anderes will uns die Bibel sagen, aber darüber später mehr."

„Was ist mit den Juden, den Hindus, den Moslems, all den Andersgläubigen oder sogar den Atheisten? Ist diese Welt für sie verschlossen?"

„Nein, ganz und gar nicht, ihnen gebührt sogar großer Respekt. Du bist als Christ erzogen und vom Glauben geprägt. Aber stell dir vor, du hättest keinen Jesus als Vorbild. Wo wäre dann dein Glaube? Andere Religionen haben andere Vorbilder und andere Leitgedanken. Keiner der Religionsführer anderer Religionen aber wird Böses wollen. Man kann den Weg Jesu auch gehen, ohne ihn zu kennen. So wie du einen Weg gehen kannst, den vor dir schon ein Unbekannter gegangen ist. Es ist aber sehr viel schwieriger, bei Abzweigungen den richtigen Weg zu finden – im Nebel, in der Dunkelheit, in den Herausforderungen des Lebens – wenn Du nicht jemanden hast, der dich führt. Da ist es schon sehr viel einfacher, einem Plan zu folgen und dieser Plan heißt – im Falle der Christen – Jesus. Nicht umsonst sagt Er von Sich: Ich bin der Weg, die Wahrheit und das Leben."

„Kann man sich denn dann nicht auch dafür entscheiden, keinen Weg zu gehen, um nicht den falschen zu wählen?", frage ich.

„Das käme dem Gleichnis vom anvertrauten Geld nahe und ist nicht im Sinne Gottes (Matthäus 25). Du erinnerst dich: der dritte der Auserwählten des Reichen vergrub seinen Anteil, um ja keinen Fehler zu machen. Wer keine Sache wagt, kann auch kaum Verfehlungen begehen. Fehler zu machen, ist nicht das Problem. Ich sagte bereits, man kann jederzeit umkehren. Es kommt vielmehr darauf an, wie du mit diesen Verfehlungen umgehst, sobald du sie als Verfehlung erkennst. Diese Entscheidung prägt viel mehr als die Verfehlung selbst. So kehrst du dich innerlich immer mehr der Wahrhaftigkeit, dem Himmel zu; oder aber du gleitest ab in die Unwirklichkeit, bis nichts mehr so ist, wie du es haben möchtest, weil die Grenzen, die du setzt, dich einengen.

Freude ist des Himmels wichtigstes Anliegen, während das, was ihr Hölle nennt, nur noch ewige Einsamkeit bietet, weil du keine Freunde mehr hast, denn selbst die letzten Freunde, die dir geblieben sind, verurteilst du. Himmel und Hölle sind derselbe Platz. Es mag dir paradox erscheinen. Bist du in dem, was Himmel ist, dann bist du unangreifbar, unverletzbar, frei. Bist du in dem, was Hölle ist, dann bist du Gefangener deiner selbst, deiner von dir gestalteten Umwelt, kannst jedoch hier – abgeschieden von deiner früheren Welt – niemandem mehr Schaden zufügen. Das ist umso bedauerlicher, weil für diese Machtmenschen gerade die Unterdrückung des Anderen, die Besserwisserei, das ‚über allen Anderen stehen', die Triebfeder ihres Tuns und Denkens auf Erden war.

Ich muss aber jetzt weiter, und lasse dich für eine Weile hier. Bald wirst du jemanden treffen, der dich sehr gerne mag. Er wird dir weiterhelfen. Er weiß schon, wo du in deiner Entwicklung stehst und welche Informationen er dir zumuten kann.

Eines muss ich dir noch sagen: diese Vorstufe - wenn wir es so nennen wollen - erlaubt dir, dich auf der Erde zu bewegen, so, wie du sie kennst. Es sind dir aber auch Seitenblicke erlaubt, in zeitlicher und geographischer Hinsicht. Die Menschen, die du kennst, werden dir so begegnen, wie du sie in Erinnerung hast. Es können dir aber auch Menschen begegnen, die du nicht kanntest und du wirst dich manchmal fragen, ob diese Person nun im Zustand vor dessen Tod oder sich wie du bereits in dieser "Vorstufe" befindet. Diese "Vorstufe" ist demnach immer noch voller Beschränkungen - zumindest für dich als Besucher.

Wir sehen uns wieder, wenn ich dich zurückbringe. Bis dann."

Fort war er. Einfach weg. Dabei hätte ich noch so viele Fragen. Ich spürte, dass Egon noch immer da war, aber der Kontakt war weg. Das funktioniert wohl nur, wenn beide Teile wollen. So machte ich mich auf den Weg. Ich genoss. Alles. Es ist unbeschreiblich, fast hätte ich gesagt, zu Lebzeiten hatte ich keine so schöne Minute. Aber was heißt zu Lebzeiten? Das hier ist das Leben. Zumindest war alles, was ich bisher als Leben bezeichnet hatte, ein schwacher Abglanz dessen, was mir hier gegönnt ist. Wenn das noch nicht das vollendete Leben ist, was mehr kann es noch geben?

Manchmal auf der Erde hatte ich den Wunsch, die Zeit anzuhalten. Wenn ich auf einem hohen Berg stand, nach all der Mühe des Aufstiegs, zufrieden mit mir selbst, und in die weite Landschaft blickte, die frische Luft atmete, mich der Stille der Natur erfreute, wenn das Glücksgefühl mich überwältigte, dann dachte ich oft bei mir „Heute abends wirst du wieder im Tal sein, mit all den Sorgen des Alltags. Man sollte diesen Moment archivieren und bei Bedarf abrufen können". Leider konnte man das nicht. Hier scheint es problemlos zu funktionieren. Nicht nur das, die Eindrücke sind noch viel intensiver, viel tiefer, viel echter.

Das erinnert mich an die Geschichte von Henoch aus der Bibel. Henoch war ein direkter Nachfahre von Seth, Abel, Adam. Aber von Letzterem stammen wir ja alle ab, und etwas von Kain und Abel schlummert in jedem von uns.

Henoch war kein Gottesfanatiker. Henoch war ein Pragmatiker. Seine oberste Devise war: „Wenn sich nach meinem Tod herausstellt, dass es keinen Gott gibt, hat es mir nicht geschadet, trotzdem daran geglaubt zu haben. Wenn es aber einen Gott gibt, dann habe ich den richtigen Weg gewählt, wenn ich an ihn glaube. Also ist es besser, an Gott zu glauben als nicht an ihn zu glauben."

Henoch war ein friedfertiger Mann, er konnte mit Jedem und Jeder konnte mit ihm. Eines Tages entschloss sich Gott, Henoch die Schöpfung zu erklären, damit er den Menschen, die sich mehr und mehr von Gott abwandten, davon erzähle. Und Henoch reiste hin und her in der Schöpfungsgeschichte, von Anbeginn der Welt bis in die Gegenwart, und er war davon fasziniert.

Vor genau dieser Offenbarung stehe ich jetzt und komme mir vor wie Henoch. So etwas wie Zeit scheint es hier nicht zu geben. Ich kann nicht nur den Moment einfrieren und die Zeit anhalten, ja ich kann sie auch beschleunigen, im Zeitraffer vor- oder zurücklaufen lassen oder mich gänzlich in eine andere Epoche hineinversetzen. Ich reite auf einem Pferd neben Alexander dem Großen; lebe in den Steinhäusern der Inkas auf Machu Picchu; schaue zurück in die Welt der Dinosaurier; lausche den Beatles im Plattenstudio, gerade als sie den Erfolgssong ´Yesterday´ aufnehmen oder finde mich auf der Aussichtsterrasse des World Trade Centers, gerade als sich das Flugzeug der Terroristen im Anflug befindet. Ich stehe auf dem Appellplatz von Auschwitz; neben Adolf Hitler am Balkon des Heldenplatzes in Wien; ich wohne der Kreuzigung Christi am Golgatha bei oder bin Zeuge bei der Planung der Pyramiden des Pharaos. Ich kann mich auf der Zeitachse hinauf und hinunter bewegen. Ein Traum für jeden Historiker. Mit einem Mal sind alle Rätsel der Geschichte gelöst. Dabei aber beschleicht mich kein Gefühl der Trauer, auch keine Spur von Furcht, denn keiner der Umstehenden kann mich sehen, wenn mir nicht danach ist, und ich kann mich jederzeit wieder ausblenden.

Noch etwas fällt mir auf. Es gibt keinen Wettbewerb. Was uns auf Erden antreibt, ist der Wettbewerb. Sei es im Sport, in der Politik, in der Wirtschaft. Überall ist Wettbewerb. Jeder gegen Jeden. Wettbewerb ist der Antrieb, etwas Neues zu schaffen. Das ist an sich nichts Schlechtes, aber hier oben scheint es nichts Neues mehr zu benötigen, alle Entdeckungen und Erfindungen der Gegenwart und der Zukunft sind bereits da. Jeder scheint mit denselben Kenntnissen und Möglichkeiten ausgestattet zu sein. Ich werfe keinen Ball von A nach B, sondern ich „denke" den Ball nach B. Stellen Sie sich vor, ein Stürmer steht mit dem Ball vor dem Tormann: Der Stürmer „denkt" sich den Ball ins Tor, der Tormann „denkt" sich den Ball in seine Hand. Das funktioniert nicht.

Du errätst jeden Schachzug des Gegners, weil Du selbst diesen Zug wählen würdest. Der Slalomfahrer ist gleichzeitig mit seinem Konkurrenten im Ziel und im Kegeln fallen jedes Mal alle Neune, bei allen Mitspielern.

Ich bin überfordert. Andererseits, es gibt so viel zu erkunden, dass mir die Sache mit dem Wettbewerb im Augenblick ziemlich egal ist. Darüber aber später mehr.

Eine neue Welt

Es fällt mir schwer, eine Definition zu finden für mein Dasein auf dieser Erde. Es ist dieselbe Erde, und Zeit und Raum kennen keine Begrenzung mehr. Ich kann mich als Kind oder als Greis in „meine" Zeit hineinversetzen, oder als Außenstehender mich selbst beobachten. Ich kann mich augenblicklich auf jeden Punkt der Erde versetzen, oder auch über die Erde ins Weltall hinaus, es bedarf keines Körpers und keiner Luft zum Atmen. Bleiben wir also einfach bei der Definition „vorher" oder „auf der Erde".

Wer weiß, welche Entdeckungen der Grenzenlosigkeit ich hier oben noch finden werde.

Im Augenblick genieße ich einfach einmal, was ich schon auf der Erde genossen habe. Einen herrlichen Sonnentag auf dem Gipfel eines Berges. Mit so gewaltigen Eindrücken hatte ich es noch nie erlebt. Ich sehe die Adler in Hunderten von Kilometern Entfernung, ja ich kann sogar ihre akrobatischen Flugkünste mit ihnen teilen. Es ist unbeschreiblich. Ich höre den Föhnwind, der kleine Wolkenschwaden über die Bergkante zieht, und rieche die frische Frühlingswiese vom Tal herauf. So differenziert, dass ich sogar zwischen Lavendel und Rosenduft unterscheiden kann. Ich liege auf einem Stein und lasse mich von den Sonnenstrahlen erwärmen, angenehmer noch als ich dies in Erinnerung habe.

Im nächsten Augenblick denke ich an ein Gewitter, sehe, wie sich auf dem Stein Elmsfeuer bilden. So etwas hatte ich schon einmal erlebt, damals war ich aber voller Angst, jederzeit könnte ein Blitz einschlagen und die elektrische Spannung, die diese Elmsfeuer verursachten, war spürbar und furchterregend. Das Knistern der elektrischen Energie spüre ich auch jetzt, aber von Furcht keine Spur. Ich befinde mich plötzlich mitten im Sturm, halte die Blitze an um sie näher betrachten zu können, werde aber nicht nass vom Regen, es sei denn, ich möchte nass werden, trocken bleiben, die Kälte spüren, die Hitze …

Die klare Luft nach dem Gewitter, die Sonnenstrahlen, die sich ihren Weg durch die Wolken bahnen, der Regenbogen, greifbar. Ich kann Tausende von Farbnuancen unterscheiden, weit über das Spektrum der Farben hinaus, die wir kennen. Ich verweile noch eine Zeit am Berg und genieße die Situation mit allen Sinnen. Dann folge ich den Markierungen zum Abstieg, ganz wie ich es gewohnt war. Mir kommt in den Sinn, dass dies gar nicht notwendig wäre, aber ich genieße den Weg und den Moment.

Auf einer Bank sitzt ein alter, weißhaariger Mann. „Das ist ja Leo!", rufe ich.

„Bleib ruhig da, wo du bist, wenn es dir hier auf dem Berg gefällt", sagt Leo und wir fallen uns in die Arme.

Leo stammte aus einer sehr wohlhabenden Familie in Moskau. Schon im Kindesalter begleitete er seinen Vater auf Reisen, die ihn bis nach China führten. Er war als Nachfolger seines Vaters in dessen Ziegelfabrik vorgesehen, als der Zar stürzte und er unter die Räder des politischen Umschwungs kam. Leo musste fliehen und fand Arbeit in unserer Gegend, genauer gesagt in einem Bergwerk, in dem Magnesit abgebaut wurde. Er musste alles zurücklassen, die Eltern, die Familie, das ganze

Vermögen. Nach seiner Pensionierung zog er in unsere Nachbarschaft. Ich weiß nicht, was ihm an mir gefiel, aber ich war wohl sein Günstling und er mein Schutzengel. Wann immer mir etwas zustieß, war er zur Stelle. Wenn mich meine Eltern zurechtwiesen, er verteidigte mich. Als ich mit 18 Jahren den Führerschein machte, spendierte er mir von seinen Ersparnissen ein kleines Auto. Er war mein Mäzen, mein Förderer, Gönner und Wohltäter. Als er mit 88 Jahren starb, war ich sehr unglücklich.

Ich musste Leo etwas beichten, was mich jahrelang bedrückte. Am Vortag seines Todes kündigte ich ihm meinen Besuch an, hielt dann aber diese Verabredung nicht ein, weil ich es nicht für so wichtig erachtete. Also besuchte ich ihn am nächsten Morgen und fand ihn tot in seinem Bett liegen. Im Nachhinein machte ich mir jahrelang Vorwürfe deswegen. Leo sagt mir, dass er sich daran gar nicht mehr erinnern könne. In diesem Augenblick wusste ich, dass mein eigener Umgang mit dieser Verfehlung die Verfehlung selbst auf Null reduzierte. Und noch etwas wurde mir klar: Verzeihen heißt vergessen! All diese Aussagen, die ich auf Erden manchmal gehört habe – ich verzeihe dir, aber vergessen tue ich es nicht! – sind unehrlich. Wenn man verzeihen will, muss man vergessen können.

Dazu fällt mir eine nette Geschichte aus meiner Schulzeit ein. Wir hatten einen Religionslehrer namens Hias, den wir als Spinner betrachteten, aber jeder mochte ihn. Ein echter Querdenker. Für den Pfarrer des Ortes war er nicht gut zu sprechen und das hatte seine Ursache in folgender Geschichte: Hias behauptete tatsächlich, mit Gott

reden zu können, für den Pfarrer war das Häresie und er beschloss, ihm eine Falle zu stellen. Er stellte er ihn im Gottesdienst vor vielen Leuten zur Rede und forderte ihn auf, Gott zu fragen, was er denn bei der letzten Beichte seinem Beichtbruder anvertraute. Das könne ja nun wirklich ausser dem Pfarrer und dem Beichtbruder niemand wissen. Wenn er diese Frage beantworten könne, so wolle er ihm glauben. Nun, Hias versprach, Gott zu fragen. Einer der Gläubigen fragte Hias einige Tage später, was denn Gott geantwortet hatte auf die Frage des Pfarrers. Der Pfarrer bekam einen hochroten Kopf, was sein Unsicherheit bewies. Hias wird doch nicht vor aller Öffentlichkeit seine Sünden preisgeben? Aber Hias antwortete ganz ruhig und trocken: „ER hat´s vergessen!"
Nun verstehe ich erst die Geschichte, die mir nie einleuchtete. Ich verstehe auch Leos Redaktion auf meine Selbstanklage. Wenn man sich eines Vergehens schuldig fühlt und ehrlich um Verzeihung bittet, so ist diese Schuld bereits getilgt, selbst wenn sich der Geschädigte selbst nicht mehr daran erinnern kann. Wenn man verzeihen will, muss man lernen, die Angelegenheit zu vergessen. Sonst will man es nicht wirklich.

Es ist schön, solche Freunde zu haben, die auf dich warten. „Wo sind all die anderen, meine Eltern, Verwandte, Bekannte, Freunde von früher?", frage ich Leo.
„Sie sind alle da. Aber vergiss nicht, du bist nur Gast. Sie freuen sich über deine Anwesenheit, aber es würde dich nur unnötig verwirren, wenn sie mit dir Kontakt aufnehmen würden."

„Das kann ich nicht glauben, meine Eltern, meine Geschwister, meine Freunde würden mich gewiss sehen wollen, wenn sie hier wären".

„Vergiss nicht, dass es hier oben keine Zeit gibt, ob sie dich jetzt oder in einigen Jahren erst sehen, ist für sie derselbe Augenblick. Verwirren aber wollen sie dich auf keinen Fall".

„Dann ist das also doch der Himmel?"

„Nein, es mag dir in deiner beschränkten Vorstellungskraft wohl so vorkommen. Bleib einfach bei der Ansicht, dass dies ein Vorzimmer ist, eines von vielen Vorzimmern. Denn schon Jesus versuchte euch zu erklären: *Im Hause meines Vaters sind viele Wohnungen (Johannes 14,2).* Die Wohnung, die jemand bezieht, wählt er durch sein Leben auf der Erde selbst aus. Dieses Vorzimmer hast du demnach nach deinen eigenen Vorstellungen eingerichtet. Andere Menschen können wieder ganz andere Vorstellungen haben, und deren Vorzimmer sehen dann auch anders aus. Warum aber blickst du auf andere? Genügt es dir nicht, dass dieses Vorzimmer nach deinen Vorstellungen eingerichtet ist? Bist du neidisch, weil Andere vielleicht ein schöneres Vorzimmer haben?"

„Du weißt, Leo, dass das nicht so ist. Aber verzeih mir, ich bin einfach nur überfordert. Was ich vermeiden möchte, ist, dass der Leser meiner Niederschriften denkt, mein Einblick in den Himmel wäre auf Grund meiner – zugegeben subjektiven – Schilderungen der einzig wahre, legitime und mögliche. Es ist gut, dass du erwähnst, dass auch andere Vorstellungen legitim und wahr sein können. Was also ist der Zweck meines Besuches hier?"

„Vom Himmel, wie gesagt, bist du noch weit entfernt. Aber du hast das Privileg, auf Grund deiner kindlichen Ausdrucksweise, anderen Menschen zu helfen, ihren Weg zu finden, und vielleicht auch, die eine oder andere von deren Fragen zu beantworten."

„Wie soll das geschehen", frage ich, „wo Du gerade angedeutet hast, ich würde meine Vorstellungen anderen aufdrängen wollen?"

„Gerade das muss eben klargestellt sein, dass über all deinen Erzählungen das Damoklesschwert der Einflussnahme steht, deine Erklärungen werden immer parteiisch sein, geprägt durch dein eigenes Leben und Erfahrungswerte. Man soll sich weder von Gott, noch vom Himmel ein Bild machen, denn die Vorstellungskraft aller Menschen zusammengenommen ist nicht ausreichend, dies zu beschreiben. Trotzdem hat jeder Mensch ein bestimmtes Gottesbild, gereift eben durch seine eigenen Erfahrungen. Keiner darf den Anspruch erheben, die ganze Wahrheit zu kennen."

„Wie soll ich dann anderen Menschen helfen können, ihren Weg zu finden, wenn meine eigenen Erfahrungen so beschränkt sind? Ich kann mich weder in deren Situation noch in deren Probleme hineindenken und schon gar nicht Ratschläge erteilen.

"Was du kannst, ist, mit deinen Beobachtungen hier deren Ansichten zu ergänzen und so zu helfen, die richtigen Entscheidungen zu treffen. Du wirst an Fallbeispielen die Gelegenheit erhalten, bestimmte Situationen zu schildern, die auf den einen oder anderen Leser zutreffen mögen. Die Entscheidungen für seine eigene Situation, sein spezifisches Problem, muss er dann ohnehin selbst treffen. Egon erwähnte bereits, was immer du im Leben versäumt hast, kannst du hier nachholen. Es sei denn, du hast deine Zukunft durch Verurteilungen, Intoleranz, Verantwortungslosigkeit und ähnlichen Dingen schon so weit von der Wahrheit abgerückt, dass sie nur noch in der Hoffnung besteht, und du selbst diese Hoffnung bereits aufgegeben hast. Solange du aber auch nur noch einen Freund hast, gibt es Hoffnung für dich, Anschluss an die Wirklichkeit zu bekommen und der trügerischen Einsamkeit zu entkommen. Es ist aber furchtbar schwierig, viel schwieriger noch als auf der Erde, weil du bereit sein musst, eingefahrene Schienen zu verlassen. Jeder, der hier herkommt, erhält diese Gelegenheit durch seine Freunde. Wenn Du in ein Loch fällst, bedarf es meist eines guten Freundes, der dich wieder herauszieht. So wie Jesus die Menschheit aus dem Loch der Verdammnis zog, als er sein Leben hingab, weil er sie über alles liebte."

„Du sagst, man soll sich kein Bild machen über Gott, oder über den Himmel. Dann ist das, was ich da mache gänzlich falsch?"

„Nein, das ist es nicht. Von Gott und vom Himmel hat ohnedies jeder seine eigenen Vorstellungen, eben je nachdem, wie er geprägt ist. Natürlich darf man – sollte sich sogar – darüber Gedanken machen. Aber es muss klargestellt sein, dass das Ergebnis, zu welchem man auch immer kommen mag, nicht annähernd der Wahrheit entsprechen kann. Du kannst dir den Himmel gestalten nach eigenen Vorstellungen, und du kannst dir auch ein Bild von Gott machen. Aber immer mit dem Wissen im Hintergrund, dass du gänzlich daneben liegen kannst, dass all deine Vorstellungen bei weitem übertroffen werden können".

"Wenn es heißt, dass man sich von Gott und dem Himmel kein Bild machen soll, dann ist das hier doch alles umsonst?"

"Nein", sagt Leo, "wenn du dir Vorstellungen vom Himmel oder vom eigenen Tod machst, dich gedanklich damit beschäftigst, dann ist diese Vorstufe viel leichter zu verstehen. Du kannst dort weitermachen, wo du auf Erden aufgehört hast.

Nebenbei gibt es einen sehr erfreulichen Nebeneffekt. Es ist wie bei Kindern, die sich aufs Christkind freuen. Die Vorfreude macht die Zeit des Wartens leichter. So kannst du plötzlich sogar Vorfreude über den eigenen Tod erfahren, im Wissen, dass das Beste noch kommt. So, wie das Kind sich auf die Geschenke des Christkindes freut. So nimmt dir der Glaube die Furcht vor dem Tod. Schon Petrus soll in seiner letzten Stunde, kopfüber am Kreuz hängend, gesagt haben: *Tod, wo ist dein Stachel?*

Schon Paulus gibt im ersten Korintherbrief *(1.Korinther, 15)* unmissverständliche Hinweise auf die Auferstehung, das Leben danach und die Art und Weise, wie wir auferstehen werden.

Was deine Lebensbegleiter und Zeitgenossen betrifft, deine Eltern, Freunde, Feinde, Kinder, Lehrer, Mitschüler, Arbeitskollegen usw. – betrachte zuerst dich selbst. Wie bist du mit ihnen verfahren – nicht, wie sind sie mit dir verfahren. Sieh dich einfach um und beobachte, wie weit wahre Freundschaft gehen kann, und wie weit andererseits Sturheit, Stolz, Neid, Rachsucht und ähnliches die letzten Hoffnungen zerstören können. Ich bin immer bei dir, wenn du mich rufst, werde ich da sein. Ich weiß aber, dass du mich auf dieser Expedition zu dir selbst nicht mehr brauchen wirst".

Die Fehler der zivilisierten Welt

Ich machte gerade einen Abstecher in das Weltall. Es ist faszinierend, durch die Galaxien zu fliegen und Teil der Entwicklungsgeschichte zu sein, alles im Zeitraffer ansehen zu dürfen. Allerdings verwirrt mich meine eigene Phantasie. Gab es den Urknall überhaupt? Gibt es neben unserem Universum noch weitere Universen? Sind die „Schwarzen Löcher" nicht etwa Eingangstore in ein anderes Universum? Je mehr man sich umsieht, desto verwirrender das Ganze. Vielleicht, so hoffe ich, werde ich einmal Gelegenheit haben, alles genau zu betrachten und zu verstehen. Vielleicht ist das der Himmel, wenn sich keine Fragen mehr stellen?

Ich brauche nicht zu erwähnen, dass Leo wieder verschwunden ist. Vielleicht sollte ich von ihm nicht mehr erfahren oder er wollte, dass ich noch andere Erfahrungen mache. Ich genieße noch einen letzten Rundblick auf die wunderbare Bergwelt und begebe mich dann auf einem Wanderweg talwärts. Ja, ich weiß, den Weg zu gehen wäre nicht notwendig, aber Anstrengung ist es keine, und so ist der Weg ein Hochgenuss. Wollte ich wirklich schon im Tal unten sein, ein Gedanke würde genügen und ich wäre dort.
Bald lasse ich die Gletscherregion hinter mir und sehe von fern einen Wanderer, den ich nach wenigen Serpentinen einhole. Und ja, ich erkenne ihn. Es ist Richard. Ein etwas älterer Mann, so um die 75 Jahre, mit knorpeligen, geschundenen Händen, die auf ein arbeitsreiches Leben

hinweisen. Eben genau so, wie ich ihn in Erinnerung habe. Er ist in diesen Bergen aufgewachsen, ein Bergführer, der in meinen Jugendjahren das Interesse an den Bergen geweckt hatte und mir die Schönheiten der Natur offenbarte.

„Da bist du ja", sagt er, „Ich habe dich erwartet."

„Woher wusstest du ...?", wollte ich gerade fragen, aber die Frage erübrigt sich. Wieder diese Kommunikationstechnik, daran muss ich mich erst noch gewöhnen.

Mit Richard hatte ich immer sehr prägende Gespräche über Politik, Wissenschaft, Wirtschaft, Sport und ganz allgemein die Entwicklung der Menschheit. Und so frage ich ihn gerade heraus: „Hier oben scheint die absolute Ordnung zu herrschen, während es auf der Welt sehr chaotisch zur Sache geht. Was machen wir falsch?"

„Du weißt", sagte er mit stoischer Ruhe, „ich habe in meinem Vorleben immer für die Natur das Wort ergriffen. Umweltschutz, Klimaveränderung, die Ausbeutung natürlicher Ressourcen waren immer meine hauptsächlichen Anliegen. Aber inzwischen musste ich zur Kenntnis nehmen, dass es auch andere Probleme gibt, wie etwa Hunger, Armut, Terrorismus, Kriege, Epidemien. Ihr bekommt gerade die Flüchtlingsproblematik zu spüren, im Zuge dessen sich Kulturen vermischen und Traditionen verändern. Oder die Corona-Pandemie, von der wiederum manche wissen wollen, dass es eine Strafe Gottes sei. Es ist, wie im Alten Testament beim Turmbau zu Babel beschrieben, als die Menschen alle andere Sprachen sprachen und keiner mehr den anderen verstand. Es mag für all diese Probleme mehrere Ursachen geben.

Ganz sicher ist jedoch, dass das Grundproblem hausgemacht ist. Der Mensch hat dies selbst verschuldet."

„Aber, was haben wir falsch gemacht?"

„Nun, eine der Ursachen liegt in der demographischen Entwicklung der Menschheit. Das wäre noch korrigierbar, aber leider liegt es auch mit der Umwelt und dem ökonomischen Verständnis im Argen. Aber bleiben wir vorerst einmal bei der Demographie.

Sehr kluge Köpfe befassen sich damit und die Vereinten Nationen veröffentlichen laufend Berechnungen zu neuen Entwicklungen. Trotzdem aber scheint dieses Problem an den Politikern der Erde spurlos vorüberzugehen. Ich muss mich selbst an den Haaren fassen, habe ich doch auch fünf Kinder in die Welt gesetzt, auf die ich sehr stolz bin."

„Was soll daran falsch gewesen sein?"

„Nun, ich will ja niemanden anklagen, der viele Kinder in die Welt setzt und die Kinder selbst können am wenigsten dafür. Aber hätte ich mich mehr mit dem Gedanken befasst, der Menschheit zu dienen und nicht mir selbst, vielleicht hätte ich mich dann mit zwei oder drei Kindern begnügt."

„Das heißt du bezeichnest es als ein Verbrechen, viele Kinder in die Welt zu setzen?"

„Um Himmels Willen, nein, aber ein gewisses Sakrileg ist es, wenn wir uns die Tatsachen vor Augen führen.

Hier ein paar Zahlen aus einem UNESCO-Bericht:

- Die Weltbevölkerung wächst von derzeit 7,5 Milliarden Menschen auf voraussichtlich 11 Milliarden Menschen im Jahre 2100 - unter der Voraussetzung, dass die Fertilität (Kinderzahl pro Frau) weiter sinkt.

- In den 50 am wenigsten entwickelten Ländern wächst die Bevölkerung weltweit am stärksten. Sie wird sich voraussichtlich von heute 900 Millionen Menschen auf rund 3 Milliarden Menschen im Jahr 2100 mehr als verdreifachen.

- Im Jahr 2100 werden wahrscheinlich fast 88 Prozent der Weltbevölkerung in Entwicklungsländern leben, fast ein Drittel der Erdenbürger in einem der am wenigsten entwickelten Länder.

- Die mittlere Variante der UN-Projektionen geht davon aus, dass die Kinderzahl von heute 2,5 bis zum Jahr 2100 auf zwei Kinder sinkt. Dennoch, falls sie bei der derzeitigen Fertilität bleibt, würden bis zum Ende des Jahrhunderts bereits 16,6 Milliarden Menschen auf der Erde leben.

- Die durchschnittliche Lebenserwartung steigt weltweit von heute 70 Jahre auf voraussichtlich 82 Jahre im Jahr 2100.

- Der Zuwachs der Weltbevölkerung liegt derzeit bei 220 Tsd täglich (!), oder 800 Millionen jährlich. Alle 12 Jahre muss Mutter Erde 1 Milliarde (!) Menschen mehr tragen - alle zwölf Tage eine Million mehr allein in Afrika.

- In den nächsten 50 Jahren müssen zur Ernährung der gesamten Bevölkerung jährlich mehr Lebensmittel erzeugt werden, als dies seit Beginn der Menschheit bis heute nötig war."

Rechenbeispiele für diese Entwicklung erschrecken noch mehr:

Die Bevölkerung des Jemen hat sich von 1950 bis 2013 von 4,6 Mio auf über 24 Mio fast vervierfacht, und dürfte bis 2050 mehr als 42 Mio betragen. Syrien ist im gleichen Zeitraum von 3,4 Mio auf fast 22 Mio angewachsen, bis 2050 werden mehr als 36 Mio prognostiziert. Tansania von 7,6 Mio auf fast 50 Mio (mehr als versechsfacht), Prognose bis 2100: 275 Mio(!). Die letzte Steigerung auf Österreich umgesetzt würde bedeuten, dass heute in Österreich mehr als 45 Mio Menschen leben würden, oder dass im Jahre 2100 mit 252 Mio zu rechnen wäre. Deutschland würde nach dieser Gleichung bis 2100 auf sagenhafte 2,5 Milliarden Staatsbürger anwachsen. Nicht auszudenken, wie die Flüchtlingsströme dann aussehen würden."

„Was also sollten wir machen?"

„Die Verantwortung liegt in der Politik. Nichts zu tun ist jedenfalls ein Verbrechen, kein Sakrileg.

Da fällt mir der Spruch eines Demographen ein, dessen Name mir leider entfallen ist: "Wer versteht, und nicht handelt, hat nicht verstanden".

Es liegt auf der Hand, dass sich drei Personen in einem kleinen Zimmer besser verstehen als 30. Die Reibung wird zunehmen, die Verdrängung der Menschheit ungeahnte Ausmaße annehmen. Hungerkatastrophen, Wasserknappheit und die Flüchtlingsproblematik von heute sind unbedeutend dagegen.

Inmitten der dann herrschenden Kriege, Terror und Auseinandersetzungen wird man sich fragen, warum hat man damals nichts dagegen getan? Die Sorgen um die Umwelt sind hier noch das geringste Problem, tragen aber ebenso zum Debakel bei."

"Aber es hat doch immer wieder im Leben der Menschen Katastrophen gegeben, die die Bevölkerungszahlen drastisch reduziert haben. Ich verweise auf diverse Pandemien, wie etwa Cholera, Pest, HIV, Corona, oder die bisher Schlimmste von Allen, die Spanische Grippe, die um 1918 etwa 50 Millionen Opfer gefordert hat. Nicht zu reden von den kriegerischen Auseinandersetzungen, etwa dem 2. Weltkrieg, der ebenfalls etwa 50 Millionen Tote zählt?"

"Es wäre Blasphemie, der Menschheit so etwas zu wünschen, nur um die Bevölkerungszahlen zu korrigieren. Ich bitte dich: eine Menschheit, die in der Lage ist, Menschen auf den Mond oder darüber hinaus zu bringen, sollte doch auch in der Lage sein, das Bevölkerungswachstum in den Griff zu bekommen."

„Sollten sich also Paare mit mehr als zwei Kindern ein schlechtes Gewissen machen müssen?"

„Nein, das nicht unbedingt. Aber man muss bereit sein, aus Fehlern zu lernen. Immerhin ist die Entwicklung der Bevölkerung in stärker zivilisierten Ländern weitaus weniger betroffen. Und da sind Ausnahmen tolerierbar, wenn auch nicht gerade vorbildlich. Man kann auch nicht den weniger entwickelten Ländern die Schuld auftragen. Diese Menschen verstehen es ja nicht und glauben, mehr Kinder würden ihnen im Alter das Überleben sichern. Diese Angst gibt es auch in der zivilisierten Welt, was ich jetzt für die unterentwickelten Länder der Welt nicht als abwertend verstanden wissen will.

Mein Rat daher an alle verantwortungsbewussten Elternteile: Begnügt euch mit zwei Kindern, wenn ihr mehr wollt, adoptiert sie.

Wenn Argumente ins Spiel gebracht werden wie ´Wer wird einmal unsere Pensionen sichern?´, dann spricht daraus zweifellos das Ego. Nein, die Lösung dieses Problems liegt in der Nachhaltigkeit. Wir Menschen beuten die Rohstoffe der Erde aus, zerstören Regenwälder und beeinflussen so unser Klima, gerade als hätten wir eine zweite Erde im Kofferraum. Denselben verantwortungslosen Weg gehen wir auch beim Bevölkerungswachstum. Die Geburtenraten sind weltweit wesentlich höher als die Sterberaten.

Der Schlüssel zur Nachhaltigkeit ist Bildung. Es hat keinen Sinn, die Grenzen zu schließen, um Flucht zu verhindern. Es hat aber sehr wohl Sinn, den Menschen Bildung zu ermöglichen. Entwicklungshilfe in Sachen Bildung trägt mehr zur Senkung der Fertilität bei als jede andere Maßnahme. Du wirst später noch die Möglichkeit bekommen, über dieses Thema mit einer kompetenten Person zu sprechen. Lass uns jetzt aber über erfreulichere Dinge sprechen. Ich möchte dir die schöne Zeit hier oben nicht vermiesen."

"Also gut, sprechen wir über die Zustände hier oben: wie ist es möglich, dass ich die Zeitschranken überwinden kann?"

"Zeit und Raum sind grenzenlos. Albert Einstein, Stephen Hawking und wie sie alle heißen: sie haben die helle Freude daran".

„Aber die beiden waren doch Atheisten?"

„Nicht wirklich. Sie konnten sich einen persönlichen Gott, der belobigt, bestraft oder die Schicksale jedes einzelnen Menschen lenkt, nicht vorstellen. Damit hatten sie vielleicht sogar recht, das will ich nicht beurteilen. Sie haben aber auch immer herausgestellt, dass ein mysteriöses Etwas die Geschicke der Menschheit gelenkt haben könnte. Ich würde sie als gläubige Atheisten bezeichnen.

Es ist nicht so, dass Zeit und Raum eine Erfindung der Schöpfung ist, sondern im Gegenteil: die Beschränkung von Zeit und Raum ist, um dem Menschen ein Dasein auf der Erde zu ermöglichen, die eigentlich geniale Erfindung. Du musst hier gänzlich umdenken. Mit deinem Tod und dem Übergang in diesen Zustand kehrst du in die Normalität zurück. Dadurch ist es dir möglich, die Epochen der Menschheit und sogar davor zu durchwandern. Aber einen Hinweis will ich dir mitgeben: Du wirst Dinge sehen, die alle Rätsel erklären, aber du wirst, sobald du wieder ´unten` bist und versuchst, deine Erlebnisse zu Papier zu bringen, dich nicht mehr daran erinnern können. Die Rätsel werden wieder da sein, alles andere würde Chaos unter den Menschen auslösen. Der menschlichen Wissenschaft und Phantasie soll es aber sehr wohl gegönnt sein, dem einen oder anderen Rätsel auf die Spur zu kommen. Das trägt doch auch dazu bei, dass das Leben da unten einigermaßen interessant ist, oder?

Ich empfehle dir jetzt, wieder weiterzureisen. Wenn du noch mehr lernen möchtest über die Sünden der Menschheit, so wende dich weiter an deine Freunde, von denen du noch einigen begegnen wirst, bevor du zurück musst. Du hast hoffentlich nicht vergessen, dass du hier nur Gast bist.“

„Nein, ich weiß, leider, meine Gedanken sind hier oben oft bei meinem Bruder und dem Freund Stefan, die sich inzwischen wundern werden, wo ich so lange bleibe".

"Ich sehe, du hast nicht ganz verstanden, was ich eben über Zeit und Raum und der Wirkungsweise auf dieser und der anderen Seite gesagt habe," schmunzelt Richard. "Das wird dich ´unten` dann noch beschäftigen."

Tierversuche, Tiertransporte

Es regnet. So ein Regentag, nach einer langen Trocken-
periode, ist ein Genuss für die Natur. Man kann richtig-
gehend beobachten, wie die Pflanzen aufatmen, wieder
zum Leben kommen. Wie sich die trockene Erde
vollsaugt mit dem köstlichen Nass. Hildegard steht plötzlich neben mir, ich kannte sie als Nachbarin, die einen
wunderschönen Garten hatte, in dem sich immer Tiere
tummelten. Hunde, Katzen, Vögel. Sie starb in sehr ho-
hem Alter.

"Ich freue mich, dich hier wieder zu sehen."

"Ach, Rudi, wie schön. Ich weiß, dass du hier nur Gast
bist."

"Wie ich sehe, haben sich für Dich alle Erwartungen an
den Himmel erfüllt. Sogar deine verstorbenen Haustiere
sind hier. Du sprichst mit ihnen, wie du es immer getan
hast."

"Ja, das ist meine Familie. Jeder hier bekommt, was er
möchte und was ihm Freude bereitet."

"Dann ist der Himmel für jeden individuell geformt, es gibt
keine Norm? Ich sehe ja auch die Blumen, Bäume, Wälder, Berge und Flüsse, Seen und schöne Landschaften,
die mein Herz erfreuen."

„Alle sind hier, die Menschen wie die Tiere, die dir auf Erden begegnet sind. Die Natur und die Botanik hast du ja
bereits selbst realisiert. Ob du sie sehen willst oder nicht
hängt von dir ab. Du kannst dich sogar mit Menschen
treffen, denen du abweisend gegenüber gestanden bist.
Wenn du einer Person nicht verzeihen konntest - oder sie

dir nicht - wirst du daran arbeiten müssen. In den meisten Fällen ist die Abneigung gegen eine Person darin begründet, dass du sie nicht kennst. Also lass das Vorurteil beiseite und lerne sie kennen, vielleicht magst du sie dann. Meistens ist allein der Wunsch, sich mit dieser Person zu versöhnen, bereits der Grundstein für eine neue Freundschaft. Wenn beide Individuen es wollen, steht einer Begegnung nichts im Wege. So funktioniert das hier oben, und es ist einfach, wenn man bereit ist, über seinen eigenen Schatten zu springen. Da gibt es für manche sehr viel aufzuarbeiten. Für andere wiederum gar nichts, weil sie bereits auf Erden mit sich und der Welt in Frieden waren".

„Das ist unmöglich. Wie sollen die Naziopfer des 2.Weltkrieges je einem Hitler verzeihen können?"

„Glaub mir, die Sisyphusarbeit liegt bei Hitler, nicht bei seinen Opfern. Eher können die Opfer dem Hitler verzeihen als Hitler sich selbst, gar nicht zu reden von seinem menschenverachtenden System."

„Dann werden manche die Vollendung wohl nie finden?"

„Das ist schon möglich. Schließlich ist das Ego mancher Leute so stark, dass sie immer glauben werden, etwas Besseres zu sein. Hier haben sie aber die Macht nicht mehr, sich hinaufzuarbeiten und über den Mitmenschen zu stehen.

Das ist die Hölle, von der wir gesprochen haben. Gott schuf Himmel und Hölle, der Mensch hat die Wahl. Das erfreuliche daran: es gibt diese Vorstufe, in der du alles noch einmal korrigieren kannst. Es liegt in deiner Hand, wofür immer du dich entscheidest. Deshalb betonen die meisten Religionen an vielen Stellen ausdrücklich den freien Willen des Individuums. Und da kommen wir zu dem Punkt, dass wir alle schuldig sind. Jeder findet den einen oder anderen Makel an sich, keiner von uns ist frei von Schuld. Womit wir wieder bei dem Thema sind, dass wir lernen müssen, zu vergessen. So lange uns eine Untat beschäftigt, haben wir nicht verziehen, also können wir sie auch nicht vergessen, und sie beschäftigt uns immer wieder. Das ist die ewige Gefangenschaft, die Hölle".

"Wenn ich mich recht erinnere, hast du dich auf Erden sehr oft geärgert über das Tierleid, über Tierquälereien und dem grausamen Umgang der Menschheit mit den Geschöpfen Gottes. Wie bist du darüber hinweggekommen?"

"Die Menschen hier oben büßen dafür. Eine Entschuldigung bei den Tieren oder bei der Natur ist ja kaum möglich, also müssen sie ohne diese wunderbaren Geschöpfe auskommen. Trostlos! Hier oben bin ich befreit davon, aber ja, der Umgang mit der Natur auf der Erde ärgert mich immer noch etwas. Du weißt, ich war immer eine Tierfreundin. Tiere sind ebenso wie Pflanzen und Mineralien Teil von Gottes Schöpfung, und als solche zu behandeln. Ich gebe dir ein Beispiel: Täglich werden tausende Tiere Opfer von Tierversuchen. Und das nur, damit wir einen Vorteil daraus ziehen, indem wir medizinische oder pharmazeutische Produkte oder Kosmetika beziehen. Täglich werden tausende Tiere tausende Kilometer auf die Reise geschickt, um in Länder geliefert zu werden, die aus religiösen Gründen Schächtungen vorschreiben. Wie sie dort ankommen, ist egal, nur atmen müssen sie noch, sonst landen sie gleich auf den Müllhalden. Was sind das für Religionen? Wir akzeptieren das Ganze, schauen weg. Sieh dir die fleischverarbeitenden Betriebe an, die Hühnerfarmen, in denen männliche Küken geschreddert werden, weil sie für die Fortpflanzung nicht benötigt werden. Glaubst du, der Heilige Franziskus würde in eine heutige Apotheke gehen oder in einem Gasthaus ein Schnitzel oder ein Hähnchen bestellen? Oder betrachten wir die Brandrodungen des brasilianischen Regenwaldes. Alle sechs Sekunden (!) wird dort der Wald von der Größe eines Fußballfeldes abgebrannt. Dahinter stehen korrupte Politiker und die Agrarlobby, die nur ihren eigenen Vorteil sieht. Sie nehmen eine Umweltkatastrophe in Kauf und zerstören den Lebensraum nicht nur der einheimischen indogenen Bevölkerung, sondern auch den der Tiere, die diesen Urwald bewohnen. Da werden ehrliche Landarbeiter ausgebeutet und mittels Einsatz von Pestiziden Wälder abgeholzt und in Monokulturen Soja angebaut, welches mit Wachstumshormonen und Medikamenten an Tiere verfüttert wird, um eine möglichst kurze Mastzeit zu garantieren. Dann werden diese Tiere in Schlachthöfen zerlegt. So kommt Billigfleisch in die Regale der Supermärkte. Ganz nebenbei werden dabei die Arbeiter in den Schlächtereien ausgebeutet, die mit Hungerlöhnen die Arbeit verrichten und in Massenquartieren untergebracht sind. Wir sind alle Kunden, und wir sind alle mitschuldig, wenn wir diese Produkte kaufen. Wir protestieren gegen dieses Vorgehen und kaufen dennoch. Gibt es etwas Heuchlerisches?

Apropos Müll. Auch hier begeht die Menschheit Todsünden. Warum muss alles drei, vierfach verpackt werden, und warum so viel Plastik? Nur, damit im Winter Tomaten, und im Sommer Orangen verfügbar sind? Kauft sai-

47

sonales Obst und Gemüse, welches nicht um die halbe Welt transportiert werden muss und danach unsere Gewässer und Meere zumüllen. Womit wir beim nachhaltigen Einkaufszettel für den Supermarkt wären. Man muss nicht immer alles sofort haben. Ich weiß, überall sind Arbeitsplätze betroffen und jeder glaubt, er allein könne die Situation nicht retten. Doch genau das zeigt uns, dass wir alle schuldig sind. Schlußendlich ist es immer der Konsument, der durch sein Verhalten Produktion, Transport und Handel bestimmen kann.

Ob Agrarwirtschaft, Erdöl, Beton- oder Stahlproduktion, überall herrscht Verdrängungswettbewerb um die bestehenden Ressourcen, da werden alle Hindernisse beseitigt, nur um eines momentanen Vorteiles wegen. So auf den eigenen Vorteil bedacht wie die Menschen können Tiere gar nicht sein."

"Tiere sind aber genauso skrupellos wie Menschen. Eine Hauskatze kann eine Maus so lange quälen, bis sie verendet".

"Das ist der Spieltrieb, aber in den meisten Fällen töten Tiere andere Lebewesen zur Selbsterhaltung, und machen kurzen Prozess".

"Dann dürften wir aber auch kein Fleisch essen, zur Selbsterhaltung direkt notwendig ist es für den Menschen ja nicht?"

"Gerade deshalb werden ja auch viele Menschen zu Vegetariern, oder Veganern. Das ist zu begrüßen. Aber es fressen ja auch Tiere das Fleisch anderer Tiere. Die Schöpfung gibt uns all das, um es zu genießen, aber sie hat uns auch die Ethik mitgegeben, und die bleibt sehr oft auf der Strecke. Ein Schwein muss nicht unnötig leiden, bevor es als Schnitzel auf unseren Tellern landet. Die Ethik aber beginnt schon damit, dass wir das Schnitzel auf den Tisch bekommen und gedankenlos hinunterschlingen, ohne dem Schwein zu gedenken, das sein Leben dafür gab. Tischgebete haben daher einen gewissen Sinn. Die meisten haben darauf schon vergessen oder lehnen sie grundsätzlich ab. Sie haben ja mit dem Glauben zu tun und den brauchen wir nicht mehr. Selbst Christen blicken oft verstohlen umher, bevor sie sich bei Tisch bekreuzigen, statt offen zu sagen - Ja, ich bin Christ, und ich habe Respekt vor den Tieren und Pflanzen, die auf meinem Mittagstisch landen und mir Genuss bereiten.

Die gleiche Problematik finden wir beim Anbau und Handel mit Suchtgiften. So sehr Opium, Heroin und dergleichen ein Segen für die Arzneimittelindustrie sind, missbräuchlich verwendet sind sie ein Fluch, der zur Sucht führt. Ebenso verhält es sich mit den Waffengeschäften. So lange korrupte Politiker, Industrie, Handel und der Geldmarkt damit Milliarden verdienen - vorbei an der meist verarmten Bevölkerung, die sie wählen - so lange wird sich daran nichts ändern. Kriege sind noch immer ein gutes Geschäft.

Auf die Evolution kann sich die Menschheit nicht ausreden". ALLE heute bekannten Probleme sind menschengemacht, weil sich der Mensch als der Herrscher über Himmel und Erde versteht und sich somit über die Schöpfung stellt, oder wie auch immer du Gott benennen willst.

„Was kann der einzelne, vernünftig denkende Mensch dann überhaupt dagegen tun?"

„Sehr viel, beginnen wir vielleicht damit - wie bereits erwähnt - die tägliche Einkaufsliste zu überdenken, Diskussionen anregen und im Rahmen Gleichgesinnter seine Meinung vehement vertreten. Man darf darauf hoffen, dass sich das Meinungsbild der Gesellschaft ändert, sobald ein gewisses Level des Widerstandes erreicht ist.

Es gibt da diese bekannte Geschichte vom `Hundertsten Affen`: eine Forschergruppe hat auf einer einsamen Inseln vor Japan folgende Entdeckung gemacht: einem Affen fiel versehentlich eine Süsskartoffel ins Wasser. Er fischte diese wieder heraus und stellte fest, dass diese nun viel besser schmeckte als vorher. Von nun an wusch er stets alles Essbare vor dem Verzehr. Junge Primaten sahen dies und taten es ihm nach, die älteren folgten nur zögerlich und skeptisch. Es dauerte eine Zeit lang, als aber etwa 100 Affen diesem Brauch folgten, kippte die Gesinnung unter den Primaten komplett. Plötzlich war es verpönt, das Essbare vor dem Verzehr nicht zuerst zu waschen.

Diese Geschichte kann uns zuversichtlich stimmen, dass unsere Ansichten letztlich zum Erfolg führen können."

Hildegards Vorwürfe tun mir weh, denn sie treffen mich direkt, weil ich mir bisher immer zu wenig Gedanken gemacht habe über die Herkunft der Lebensmittel, der Arzneimittel, der Rohstoffe, derer wir uns beim Kauf von Dingen des täglichen Lebens bedienen. Wir sind alle schuldig.

Wieder bin ich in der Geschichte gelandet. Ich werde Zeuge beim Bau der Chinesischen Mauer; dann wieder bin ich auf einer Galeere des Römischen Reiches; mit Ötzi auf dem Simulaun; bei den Baumwollpflückern im Neuen Amerika; bei den Inquisitoren in Mexiko; im KZ von Auschwitz. Heinrich Himmler hat soeben angeordnet, einen jüdischen Häftling direkt dem Hochofen zuzuführen, weil er sich ein Bein gebrochen hatte und daher zur Arbeit unfähig war. Warum, frage ich mich, wurden die Fähigkeiten und die Schaffenskraft in der gesamten Menschheitsgeschichte immer wieder zum Vorteil anderer ausgenutzt? Warum konnten sich Unterdrückte, Sklaven, obwohl meistens in der Mehrheit, nie wehren?

Was veranlasst Menschen, Mitmenschen auf grausame Weise zu behandeln und deren Leibeigenschaft zu beanspruchen? Ich beobachte Soldaten in Vietnam, wie sie mit Kinderköpfen Fussball spielen. Wie kommt es, dass Menschen jeden Skrupel verlieren und jede Achtung?

Einer der herumstehenden Soldaten schaut mich an, mit Tränen in den Augen. "Wir sind alle schuldig. Mit Gewalt konfrontiert, wird man gewalttätig, dann wird der Mitmensch zur Sache. Das ist auch heute noch so".

"Heute noch?"

"Überall auf der Welt werden Kinder geschändet, Frauen misshandelt, Mitmenschen unterdrückt, weil man glaubt, ihnen zeigen zu müssen, dass man der Stärkere ist. Wir alle tragen eine große Schuld mit uns. Schon allein deshalb, weil wir wegschauen. Die Leiden von Mitmenschen kommen meist nicht ans Tageslicht.

Wenn ich nicht wüsste, dass dein Besuch hier oben nur von kurzer Dauer sein wird, dann würde ich dir den Rat geben, nicht so sehr auf die Gräuel der Menschheit zu schauen, sondern das Schöne zu genießen. Vielleicht ist es deine Aufgabe, den Menschen auf der Erde den Spruch zu verinnerlichen: wer die Vergangenheit vergisst, ist gezwungen, sie zu wiederholen. Es ist auch richtig, sich die Fehler immer wieder in Erinnerung zu rufen, aber nicht mehr hier oben. Hier oben gibt es keine Schuldzuweisungen mehr - da weiß jeder selbst, wo er hingehört. Hier oben gibt es nur noch das Miteinander.

Deine Mission hier oben dürfte dem Zweck dienen, die Menschheit zu warnen, wenngleich ich der Meinung bin, dass dies ein erfolgloses Unterfangen sein wird. Ich wünsche dir aber dennoch viel Glück, vielleicht gelingt es dir wenigstens - verzeih mir, wenn ich mich der obigen Geschichte bediene - 100 Affen zu überzeugen, die dann deine Arbeit weiterführen."

Zwischenmenschliche Beziehungen

Ich versuche mich an frühere Freunde zu erinnern, mit denen ich Kontakt aufnehmen könnte, werde aber abgelenkt durch ein eigenartiges Schauspiel, das vor mir abläuft. Ich sehe ausbrechende Vulkane, Aschenregen, Lavafelder, Saurier auf dem Land, in der Luft, am Wasser. Als wäre die Zeit um einige Jahrtausende zurückgedreht worden. Sollte ich mich mit dem Entstehen der Erde oder des Weltalls befassen, mit dem Anfang der Zeit oder mit der Zukunft?

„Damit kannst du dich noch zur Genüge beschäftigen" höre ich eine Stimme hinter mir, „wenn du einmal angekommen bist".

„Hermann, dich hatte ich nicht erwartet. Was für eine Freude, dich wiederzusehen. Nach deinem tödlichen Autounfall hast du eine große Lücke hinterlassen. Was war das für eine Trauer. Du bist überall sehr beliebt gewesen. Bei deiner Beerdigung war das ganze Dorf auf den Beinen. Besonders deine Frau und Kinder haben sehr gelitten."

Er lacht. „Ja, ich weiß, ich war dabei! Das Schauspiel hier soll dir nur nahebringen, dass wir uns hier in Zeit und Raum bewegen können, wann und wohin wir wollen."

„Warum gibst du dann deiner Frau und deinen Kindern nicht ein einziges Zeichen des Trostes oder lässt sie verstehen, dass es dir gut geht und es dir an nichts fehlt? Bist du so hartherzig?"

„Einmal hier oben, wirst du dich hüten, in die göttliche Bestimmung einzugreifen. Du hast ja gehört vom Freien

Willen des Menschen? Ich weiß, manche Hinterbliebenen hoffen auf ein Zeichen, aber es gibt genügend Antworten in der Bibel. Besinne dich zum Beispiel daran, als der verstorbene Abraham bat, Lazarus zu seinen Brüdern zu schicken, um sie zu warnen. Die Antwort war: *Wenn sie nicht auf die Propheten hören, werden sie sich auch nicht überzeugen lassen, wenn einer von den Toten aufersteht (Lukas 16,31).* Aber, um auf deine Frage zurückzukommen: Ja, ich kann sie zwar jederzeit sehen, wenn ich möchte, und ich freue mich darauf, wenn einmal auch meine Familie das alles hier genießen kann. Sie müssen ihr Leben auf Erden ohne mein Einwirken zu Ende bringen".

„Weißt du noch, als wir zusammen die Pilotenlizenz erlangten, machten wir eine Flugreise nach Sardinien."

„Ich weiß, unser Fluglehrer Egon brachte mich ja hierher."

„Dann kannst du dich auch erinnern, dass Nachbarn von mir, ein befreundetes Paar, mit uns mitflogen. Wir hatten einen wunderschönen Flug und bezogen ein Hotel in Olbia. Beim Abendessen eröffneten uns die beiden, dass die Frau schwanger sei und dass sie das Kind abtreiben lassen wollen, weil sie sich sonst ihren geplanten Urlaub in Vietnam im Sommer nicht leisten würden können. Wenn wir möchten, können wir uns die Situation ja wiederholt ansehen, mit den Möglichkeiten hier oben."

„Nicht notwendig, ich weiß, das hatte uns beide noch lange beschäftigt. Wir saßen da mit offenem Mund und brachten kein Wort heraus. Als wir zu Bett gingen - wir bezogen ein Doppelzimmer und konnten wegen des Lärms auf der Straße lange nicht einschlafen - da sagtest du plötzlich: Hast du dieselben Gedanken wie ich? Ja, unsere Sympathie zu dem Paar war irgendwie beschädigt. Wie kann man wegen eines Urlaubes sein ungeborenes Kind abtreiben? Wie es ihnen wohl jetzt geht, hier oben? Aber das ist wohl deren Problem."

„Und gar kein kleines. Es gibt Situationen im Leben, in denen Abtreibungen lebensnotwendig und daher verständlich sind, aber unter welchem Vorwand manche Paare heutzutage abtreiben, ist unentschuldbar. Ich würde mich davor hüten, es als Verbrechen einzustufen, aber ein Sakrileg ist es allemal. Schlussendlich wird damit einer jungen, hoffnungsvollen Seele der Körper geraubt.

Andererseits: wusstest du, dass es auf Erden jährlich etwa 90 Millionen ungewollte Schwangerschaften gibt? Das sind Kinder, die ihr Leben lang darunter leiden."

"Heißt das jetzt, dass du Schwangerschaftsabbrüche befürwortest?"

"Nein, keineswegs, aber vielleicht könnte man auch in der Familienplanung dafür plädieren, das Hirn vor dem Sexualtrieb einzuschalten, und sich nicht nachher den Kopf darüber zu zerbrechen, wie man das Geschehene ungeschehen macht. Nicht alles, was medizinisch möglich ist, ist auch ethnisch vertretbar. Du hast dich bereits mit den Fehlern der Menschheit in demographischer Hinsicht auseinander gesetzt. Auch die Religionen haben hier einen großen Anteil an Mitverantwortung, die sie bis heute nicht wahrnehmen. Dieses Thema wird dich sicher später noch beschäftigen."

"Ich hatte immer eine gewisse Ahnung, dass auch du, Hermann, eine Last deiner Vergangenheit mitgetragen hattest. Hat mich das getäuscht?"

„Das täuscht dich nicht. Du weißt, wie sehr ich Elfie und die Kinder geliebt habe, trotzdem gab es in meiner Ehe einen Seitensprung.

Ich hatte es Elfie nie gebeichtet, und sie hatte es auch nie erfahren. Aber mein Warten auf sie hier oben ist manchmal für mich die Hölle. Es scheint mir wie eine Ewigkeit, obwohl wir üblicherweise hier oben kein Zeitgefühl kennen. Ich weiß auch, dass sie mir verzeihen wird. Das Schuldgefühl belastet mich sehr, ich wünschte ich hätte es hinter mir, obwohl ich ihr natürlich noch viele Jahre auf der Erde gönne. Wenn du deine Erlebnisse hier oben jemals niederschreibst, musst du den Menschen unbedingt diese Botschaft vermitteln: Nehmt keine Geheimnisse mit ins Grab! Räumt eure Fehler noch zu Lebzeiten beiseite, es ist so viel leichter, ohne Gepäck die Reise anzutreten. Selbst wenn es zu Verwerfungen kommen sollte, glaubt mir: wenn jemand deine Entschuldigungen zu Lebzeiten nicht akzeptieren kann, muss er damit leben. In diesem Punkt muss man Egoist sein. Nehmt keine Geheimnisse mit ins Grab!"

„Wie ist das nun hier oben mit ehemaligen Beziehungen. Es gibt ja auch Menschen, die zwei-, drei-, viermal glücklich verheiratet waren und alle ihre Partner geschätzt und geliebt haben. Welcher ihrer Partner ist nun hier oben der/die Auserwählte?"

„Ich verweise dich auf die Bibelstelle Markus 12,18-27. Sei getrost, so etwas wie Ehe gibt es im Himmel nicht. Alle Verstorbenen sind wie Engel Gottes. Und jetzt stelle dir bitte nicht die kitschigen Engel und Putten vor, die zu Tausenden unsere Gräber zieren."

„Aber wie ist das dann mit der sexuellen Beziehung, oder mit den Schwulen, Lesben, gibt es denn hier nur noch geschlechtslose Beziehungen, platonische Liebe? Gibt es keinen Sex?"

„Natürlich nicht. Zur Fortpflanzung ist er nicht mehr notwendig, ausserdem ist der Orgasmus lediglich eine biologische Wahrnehmung, wie du sie hier oben ebenso wie Geschmack, Geruch wie auch andere Sinne jederzeit abrufen kannst. Alte Menschen, bei denen der Sex nicht mehr funktioniert, werden dir bestätigen: Sex hat mit Liebe nichts zu tun. Wer Liebe auf Sex beschränkt, ist völlig im Irrtum. Und wer glaubt, dass ein Orgasmus das Schönste im Leben ist, wird hier oben eines Besseren belehrt.

Wenn es im Genderismus Perfektion gibt, findest du es hier. Vermisst du etwas? Das Leben im Himmel ist doch tausendfach reicher, vielfältiger und erfüllender als das schönste Erlebnis auf Erden! Was verspricht uns Jesus in der Bibel? *ER ist doch nicht ein Gott der Toten, sondern der Lebenden. Ihr seid völlig im Irrtum!*" *(Markus 12,27)*

„Eine weitere Offenbarung, die mich noch lange beschäftigen wird, aber wenn ich all das hier sehe, beginne ich zu verstehen. Es ist die Fülle, von der in der Bibel *(Johannes 10,10)* die Rede ist.

Mich verwirrt deine vorherige Bemerkung: Ich war bei meiner Beerdigung dabei, wie ist das zu verstehen?"

„Ich sagte dir ja: Wir können überall hin, auch in die Gegenwart und auch zurück auf die Erde. Aber wir können uns nicht bemerkbar machen. Würden dies auch gar nicht wollen. Zum Ersten wegen des Bibelzitats Lukas 16,31, welches ich vorhin erwähnt hatte, zum Zweiten wäre dies ein Eingriff in die Entscheidungsfreiheit des jeweiligen Menschen, und diese wollen wir auf keinen Fall antasten. Gott hat dem Menschen seinen freien Willen gegeben, benutzen muss er ihn selbst."

„Was heißt das, wir können auch zurück auf die Erde?"

„Nun, viele Menschen gehen uns voraus, bleiben uns aber als Schutzengel erhalten. Sie sind immer da, ganz nahe bei uns. Solltest du ein Anliegen haben oder dich für etwas entschuldigen wollen, dann tu es! Das erleichtert deinen Start hier oben erheblich. Sie können aber nicht mit dir kommunizieren, du weißt ja - der freie Wille…

Und dann muss ich dir noch ein weiteres Geheimnis meiner Vergangenheit erzählen. Das war lange vor meiner Zeit mit Elfie und betrifft meine Jugend, eigentlich meine erste Liebe.

Ich habe ihr Zeit meines Lebens nachgetrauert. Sie hatte manche sehr unlogische Meinungen, die meinen eigenen Lebenszielen zuwiderliefen. Und so beschloss ich, sie einer Prüfung zu unterziehen, einen endgültigen Schlussstrich anzudeuten und sie dann zurückzuholen, in der Hoffnung dass sich ihre Meinungen bis dahin geändert hätten. Das war ein Fehler. Ich weiß, dass ich ihr sehr weh getan hatte und dass sie lange Zeit unter meiner Entscheidung litt. Einige Wochen vergingen und als ich sie dann wieder traf und ihr meinen Irrtum beichten wollte, da erklärte sie mir, dass es ihr nach langer Trauer jetzt recht gut ginge und sie einen neuen Freund habe.

Zurück wolle sie nicht mehr. Da hatte ich den Salat. Mea culpa. Man darf mit Beziehungen, wenn man sie ehrlich meint, nicht spielen. Wenn es Dir nicht schon zu Erden auf den Kopf fällt, dann spätestens hier oben.

Bildung

Hermanns Ausführungen veranlassen mich fast, den einen oder anderen Fehltritt in meinem eigenen Leben zu suchen. Und man braucht nicht lange suchen, jeder findet solche Fehltritte. Wir alle neigen dazu, eigene Fehler nicht sofort zu erkennen sondern stattdessen bei anderen zu suchen. Hin und wieder würde man ja ganz gerne ein Zeichen vom Himmel oder einen Wegweiser bekommen. Genau genommen bekommt man diesen ja auch, wir haben nur die Sensibilität dafür zu weiten Teilen verloren.

Nicht ganz, wird mir bei näherem Nachdenken klar, in den Fragen meiner Termine und Finanzen scheint manchmal immer noch eine außerirdische Kraft im Spiel zu sein. Gerade erst kürzlich wurde mir dies bewusst:

Ich hatte – interessiert an Genealogie und den Stammbäumen verwandter Personen – einen Termin im Krankenhaus vereinbart mit einem mir wertvollen Ahnen, dem es nicht sehr gut ging und der mir sicher vieles erzählen würde können. Bald darauf erhielt ich ein Schreiben eines Geschäftsfreundes aus den Vereinigten Staaten, der mich gerade an diesem Tag besuchen wollte, sowie eine Vorladung zu einem Gerichtstermin, wo ich als Auskunftsperson geladen war. Pfff, das waren zu viele Termine, und alle waren wichtig. Ich konnte meinem Geschäftsfreund nicht absagen, zumal er extra wegen mir die Reise nach Europa plante, und dem Gericht schon gar nicht. Am Treffen mit meinem Ahnen war mir am meisten gelegen, nicht nur wegen seines Alters und des schlechten Gesundheitszustandes, sondern weil wir immer ein herzliches Verhältnis zueinander hatten. Und so sagte ich mir im Stillen „Herrgott, das musst du mir richten!" Ich hatte diesen Gedanken noch nicht zu Ende gedacht, da hielt ich schon eine Terminverschiebung des Gerichtes in den Händen und gleichzeitig klingelte das Telefon. Mein Geschäftsfreund musste seine Europareise umdisponieren. Zufälle? Nein, es sind nicht immer alles Zufälle! Solche ähnlichen Situationen erfahre ich immer wieder.

Eine weitere Sache überrascht mich hier „oben". Meine Gedanken gehen zurück zu gewissen Lebenssituationen. Erinnert man sich in positiver Form an eine gewisse Person und hat diese Person auch mir gegenüber gute Erinnerungen, so scheint ein Wiedersehen unausbleiblich. Nur kurz flackerte der Gedanke an einen meiner Mittelschulprofessoren auf und schon begegne ich ihm:
Es ist mein ehemaliger Biologielehrer Franz, der in meiner Mittelschule auch Physik und Chemie lehrte. Ich hatte damals eine sehr wichtige Entscheidung zu treffen. Entweder sollte ich den Betrieb meiner Eltern übernehmen oder meinem Wunsch nach einem Sprachstudium nachgehen um vielleicht später die Laufbahn eines Dolmetschers einzuschlagen. Und so ging ich mit meinem Problem zu Franz, der sich Bedenkzeit erbat. Jeder meiner Vorgesetzten, die ich bisher befragt hatte, und darunter waren sehr geachtete und intelligente Mitmenschen, die sich ihre Antworten nicht leicht machten, rieten mir spontan zur ersten Wahl. So erwartete ich diese Antwort auch von Franz. Nach etwa einer Woche nahm er mich

zur Seite und erklärte, fast entschuldigend, dass er meine Frage nicht beantworten könne. Er hätte tage- und nächtelang darüber nachgedacht. Er wisse, dass die Empfehlung meiner Eltern und all der Leute, die ich fragen würde, unzweifelhaft die erste Variante bevorzugen würden, zumal die Eltern den Betrieb ein Leben lang aufgebaut hatten und dieser Beruf Sicherheit gäbe und keine Wünsche offen lässt. Er wisse aber auch, dass ich mir selbst bei jeder Schwierigkeit, bei jedem Hindernis auf meinem Weg Vorwürfe machen und diese Entscheidung anzweifeln würde.

„Wofür immer du dich entscheidest", riet mir Franz, „tue es mit ganzem Herzen und mache dir kein schlechtes Gewissen!" Ich lachte. "Das heißt, egal wofür ich mich entscheide, ich werde beides bereuen". Aber es war ehrlich gemeint und letztlich entschied ich mich für Ersteres.

Franz war der Revoluzzer unter unseren Lehrpersonen. Immer animierte er uns zum Querdenken und dazu, Dinge in Frage zu stellen. Als wir im Unterricht über die Theorien von James Darwin debattierten und er ganz nebenbei erwähnte, dass Menschen und Primaten demselben Ahnenstamm angehörten, löste er damit einen mittleren Aufstand aus. Heute selbstverständlich und allgemeines Gedankengut, aber damals war es das eben nicht.

Und so fragte ich Franz, wie es denn weiterginge, wenn man hier oben ankommt. Sind wir plötzlich alle Heilige oder Nobelpreisträger?

„Keineswegs", sagt er, „man bekommt die Intelligenz nicht zwingend umgehängt, wenn man die Schwelle zum

Jenseits überschreitet. Für viele ist es auch hier ein stetes Lernen, ein Ringen darum, das Wissen zu vermehren um einen Schritt weiterzukommen. Hier ist der Wissensdurst sehr groß und Weiterbildung ein Vergnügen, keine Belastung. Auf der Erde ist Bildung eine Überlebensfrage und es bedarf eines gewissen Aufwandes, sich Bildung anzueignen. Da geht man dann oft lieber den Weg des geringsten Widerstandes".

Betrachten wir die Situation auf unserer Erde zum derzeitigen Zeitpunkt. Richard hat mir die Lösung bereits angedeutet, aber wie kann die zivilisierte Menschheit den weniger entwickelten Ländern Bildung nahe bringen? Weiters frage ich mich, ob Terrororganisationen die Stabilität gefährden und am Ende gewinnen würden? Manche dieser fragwürdigen Organisationen, wie etwa Boko Haram oder der IS, lehnen westlich geprägte Bildung ab, ja bekämpfen sie mit allen Mitteln. Selbst das Christentum hat sich damit die Gläubigen gefügig gemacht, bis endlich die Erfindung des Buchdruckes auch andere Meinungen eröffneten, ja förmlich erzwangen."

„Deine Gedanken gehen in die richtige Richtung", sagt Franz, „die Bildung für weite Bevölkerungsteile zu verbieten war nicht nur als Mittel der Manipulation vorgesehen, sondern es ist tatsächlich die Überzeugung mancher politisch Verantwortlichen, dass Intelligenz vom Teufel komme. Diese meist religiöse Wahnvorstellung bringt zwar viel Leid mit sich, man möge sich aber davor hüten, die Träger der Verantwortung pauschal in die Hölle zu wünschen. Letzten Endes hat jede Epoche seine fragwürdigen Entscheidungsträger, möge es sich um Tyrannen wie Hitler oder Stalin handeln oder sonstige Despoten, wie

63

wir sie auch in der aktuellen Weltpolitik zur Genüge kennen. Der Herrgott hat alle möglichen Kostgänger. Dass die Terrororganisationen letzten Endes siegreich sein würden, glaube ich nicht. Schließlich sei die Welt heute mit Internet und dem weltweiten Netz derart schnell informiert, dass sich diese Sorge erübrigt, wenngleich auch dieses Medium hinterfragt werden darf. Das, von dem wir hier reden, ist ein Problem des 20. Jahrhunderts. Von der Zukunft rede ich gar nicht, es soll dich auch nicht belasten. Ich kann dir aber versprechen: sie ist interessant.

Was die Bildung betrifft, das wäre der Schlüssel aus dem Elend mancher Nationen. Fehlende, in den meisten Fällen verweigerte Bildung ist die Ursache für die demographische Entgleisung, und diese wiederum ist die Ursache für fast alle anderen Fehlentwicklungen auf der Erde heute. Viele Finanzexperten geben auch der Hochzinspolitik, etwa dem Internationalen Währungsfonds, die Schuld am derzeitigen Finanzdesaster und der damit verbundenen Fehlentwicklungen. Damit mögen sie vielleicht sogar Recht haben. Es spielt eben alles mit, wenn Reichtum, Macht und die Gier keine Grenzen mehr kennt.

Wovor genau haben die Menschen Angst? Vor Klimaveränderungen, Überschwemmungen, Wasserknappheit, Umweltkatastrophen, Flüchtlingsbewegungen, Hunger, Armut, Arbeitslosigkeit, Epidemien, Kriege und die immer knapper werdenden Ressourcen, vor Terrorismus, fremden Religionen, fremden Völkern, vor Bakterien und Viren, Zivilisationskrankheiten. Mit wachsender Bevölkerung werden diese Probleme nicht kleiner, sondern immens groß."

Aber warum, frage ich, steuert die Politik nicht dagegen?
„Entweder sie erkennt das Problem nicht oder sie will es nicht erkennen. Oft stehen kurzsichtige wirtschaftliche Interessen dagegen - schließlich kann man mit tausend Menschen mehr wirtschaftlichen Profit machen als mit zehn. Und dann kommt es zu Überproduktionen, weil die vielen Menschen ja beschäftigt werden wollen, die Produzenten mit der angedrohten Arbeitslosigkeit die Politiker zu Subventionen zwingen. Dann stehen Tausende Autos und Flugzeuge herum, die niemals fahren oder fliegen werden. In Gebrauchsartikeln des täglichen Lebens werden Sollbruchstellen eingebaut, so ein Staubsauger soll ja nicht länger als fünf Jahre funktionieren, der Benutzer soll sich spätestens dann einen neuen kaufen."

"Und warum steuern die Religionen nicht dagegen?"

„Ich habe bereits erwähnt, dass es in manchen Religionen gewisse Hardliner gibt, die Bildung als Werk des Teufels verurteilen. Es geht, wie gesagt, nicht nur darum, die Menschen leichter manipulieren zu können, sondern sie betrachten Bildung tatsächlich als dekadent. Diese Leute betrachten jedes Buch als dekadent. Andere wiederum denken gar nicht darüber nach, nehmen ihr Schicksal als gottgegeben hin und sagen sich, da kann man nichts machen. Sehr wohl könnte man etwas dagegen tun, der Schlüssel liegt, wie gesagt, darin, Bildung zu ermöglichen".

Als Katholik beschäftigt mich der Standpunkt der Römisch-katholischen Kirche. Das Bibelwort „wachset und vermehret euch und macht euch die Erde Untertan" steht doch total konträr zu den oben erwähnten Feststellungen.

„Leider gibt es auch hier Hardliner, die der Meinung sind, an den Worten der Bibel ist nicht zu rütteln, jedes Hinterfragen unzulässig. Papst Franziskus, der genug interne Gründe hätte, sich dazu nicht zu äußern, hat einen vagen Versuch dagegen unternommen, indem er sinngemäß sagte, das genannte Bibelwort dürfe keineswegs so ausgelegt werden, dass man angehalten sei, ungezähmt wie Karnikel Kinder in die Welt zu setzen. Ein klares Wort, und der Heilige Vater ist klug genug, sich lieber mit dem Karnikelverband als mit dem Klerus anzulegen. Im Gegensatz zu den Politikern hat er einen klaren Vorteil: Er braucht sich keine Sorgen um seine Wiederwahl machen. Leider aber hat er einen mächtigen Apparat von Hardlinern hinter sich, die keine Änderung dulden. Paradox dabei finde ich, dass Millionen von Katholiken sonntäglich in den Kirchen die Wandlung als zentralen Mittelpunkt des Gottesdienstes feiern. Und wenn man sie fragt, was sich in der Kirche ändern sollte, sagen sie „Nichts, es muss alles beim Alten bleiben". Wo doch gerade die Wandlung der zentrale Punkt jeder Messfeier ist."

Da sollte ich nun die Rolle des Christentums genauer betrachten, aber da fehlen mir leider die Vorbilder.

„Warum versuchst Du es nicht bei Augustin?", fragt mich Franz.

„Dem Kirchenlehrer?"

„Ja, bei dem auch, aber eigentlich meinte ich Pfarrer Augustin, bei dem du als Ministrant gedient hast".

„Nie, der ist doch militant gegen jeden aufgetreten, der die Bibel nur im Geringsten hinterfragt oder gar in Zweifel gezogen hätte, ein Hardliner an vorderster Front."

„Stimmt, aber er hat sehr viel dazugelernt. Überlege es dir. Ich entlasse dich jetzt in deinen Gedanken und sende dich weiter auf deine Reise. Du wirst noch viele Erfahrungen sammeln. Mach´s gut."

Und fort war er. Seine Ausführungen zur demographischen Entwicklung auf der Erde haben mir fast etwas Angst gemacht. Steht die Erde wirklich vor der Katastrophe oder gibt es noch Hoffnung?

Der Dieb (Ein Fallbeispiel)

Ein kleiner Ausflug in das Reich der Inkas war mir gestattet. Auch hier wieder - pure Faszination. Wie sie die Steine bearbeiten, als wären sie mit einer Schere geschnitten, und welches Wissen dieses Volk damals schon von der Astronomie und Astrologie besaß. Ein Jammer, dass dieses Volk von den europäischen Eroberern aus purer Habsucht ausgerottet wurde.

Das Treffen mit Pfarrer Augustin verdränge ich noch. Egon sprach von Beispielen, denen ich begegnen würde. Da begegnet mir auch schon ein freundlicher, älterer Herr mit faltigem Gesicht, man sieht ihm an, dass er ein arbeitsreiches, entbehrliches Leben hinter sich hat.
Auch er wusste, wie alle hier oben, dass ich ankommen würde. Auf der Erde hatte ich keine Beziehung zu ihm, aber vermutlich soll mir die Geschichte seines Lebens einige Fragen beantworten. Alfons war Landwirt und bewirtschaftete einen Hof mit Kühen, Schweinen, Hühnern. Feld- und Stallarbeit war sein Leben. „Die Menschen sehen leider immer nur den Rosengarten und blicken neidisch auf deinen Besitz, die Arbeit sehen sie nicht."
Seine zweite Frau verstarb bei der Geburt des vierten Kindes. So trug er die Bürde des Alleinverdieners, der zwei Töchter und zwei Söhne aufzuziehen hatte, mit ein wenig Hilfe von seiner Schwester. „Ich habe mich oft beim Herrgott beklagt", sagt er, „aber meine religiöse Er-

ziehung und die Hilfe meiner Schwester haben mich immer wieder aufgerichtet."

Einer seiner Söhne wäre vorgesehen gewesen, den Hof zu übernehmen, verunfallte aber im blühenden Alter von 17 Jahren, gerade, als er kräftig und erfahren genug gewesen wäre, dem alten Bauern die Verantwortung abzunehmen. Von den beiden Töchtern blieb eine ledig und fand nach einschlägigem Studium in der Stadt bei einer Bank eine Anstellung. Die zweite Tochter ist glücklich verheiratet mit einem Tischler. Der Hof wurde nach dem Tod des alten Bauern verkauft. Wegen eines fehlenden Testamentes wurde der Erlös auf die drei Erben aufgeteilt, wobei der zweite Sohn den beiden Töchtern arg zugesetzt haben soll. Um diesen zweiten Sohn geht es nun. Er ist an einer Lungenentzündung verstorben, im Alter von 55 Jahren.

„Er war immer das Sorgenkind der Familie", erklärt der Bauer. „Schon in der Schule, damals bereits Halbwaise, hat er sich vom Elternhaus entfremdet, ist in schlechte Gesellschaft geraten und hat sich durch Diebstähle verdungen. Gestohlene Autos fuhr er zu Schrott und die lange Zeit in den diversen Gefängnissen machte ihn auch nicht gerade zum Heiligen."

Er blieb immer auf der Verliererstraße und ließ kaum ein Delikt aus, seine ´Spezialität` aber war der Diebstahl. Er rühmte sich, alles ´besorgen zu können. Schon mit 28 Jahren war er arbeitslos und auf Grund zunehmender Krankheit auf soziale Institutionen angewiesen. Von der Hilfe durch seine Schwestern wollte er nichts wissen.

„Vielleicht habe ich auch etwas Schuld an seiner Entwicklung", sagte der Bauer, „ich war wohl nach dem Tod meiner Frau mit den Kindern etwas zu autoritär. Es ist mir damals alles über den Kopf gewachsen und ich stand ziemlich alleine da."

„Das ist verständlich", entgegne ich. „Es ist auch verständlich, dass dein Vertrauen in Gott einen Dämpfer bekommen hat."

„Meine Lehrer sagten mir immer ‚Hinfallen ist keine Schande, aber man muss wieder aufstehen'. Wenn man aber drei-, viermal hintereinander hinfällt, ist es schon zum Verzweifeln. Meine gute Frau hat mich davor bewahrt, mich selbst aufzugeben, ob im Leben oder auch nachdem sie verstorben war. Sie war es, die mir immer Mut zusprach. Nun möchte ich meinem Sohn Mut machen, endlich einmal in seinem spirituellen Leben wieder aufzustehen. Ich will ihm helfen, endlich hier die richtige Richtung einzuschlagen. So schlecht wie seine Biografie sich ansieht, ist er nämlich nicht."

Wir sind im Tal bei einem Gasthaus angelangt. Vor diesem weiden mehrere Kühe und Ziegen. Alles so, wie es sich auch auf der Erde abgespielt hat oder abspielt, nur intensiver. Ich frage gar nicht mehr danach, ob das jetzt hier der Himmel, die Hölle oder die Erde ist. Die Antwort würde mich ohnehin nicht befriedigen, und es ist auch belanglos für meine Mission. Wir machen Rast im Schatten eines kühlen Baumes und sehen von weitem eine Person des Weges kommen, bei der es sich offensichtlich um den Sohn des Bauern handelte. Er ist zunächst abweisend, weil er seinen Vater nicht erkannt hat, aber als er ihn erkennt nehmen sich die Beiden doch in die Arme. Er nimmt keine Notiz von mir.

„Er kann dich nicht einmal sehen!" sagt Alfons.

„Vater, was machst du in dieser gottverlassenen Einöde?"

„Das ist keine Einöde, und schon gar nicht gottverlassen. Siehst du die üppigen Wiesen, die grünen Wälder, die Bergwelt mit ihren Gletschern und rauschenden Bächen, die Vögel am Himmel und die weidenden Kühe?"

„Lass mich in Ruhe mit Kühen. Viecher haben mich noch nie interessiert."

„Wie kommt es, dass er die Tiere nicht sieht?", wundere ich mich.

„Weil er Tiere nie mochte, darum existieren sie für ihn hier auch nicht. Hier wird niemandem etwas aufgezwungen, was er nicht haben will", klärt mich der Bauer auf. „Gerade deshalb ist diese neue Welt hier oben für manche bunt und liebenswert, für andere dagegen einsam und abscheulich".

„Was mich interessiert, ist das Gasthaus da hinten. Ich brauche dringend einen Schluck Wein und etwas zu essen. Ich bin hungrig und durstig wie noch nie", sagt der Sohn.

„Womit willst du bezahlen? Zum Nehmen, Stehlen und Zerstören gibt es hier für dich nichts mehr, bedauere. Du musst schon dafür arbeiten."

„Aber ich sehe doch all die Güter und Besitztümer hier. Da, dieses Stück Brot, das nehm ich mir einfach." Der Sohn greift nach dem Laib Brot auf dem Tisch und greift ins Leere. Er ist entsetzt. Greift nochmals danach. Vergeblich. Er fasst nach der Flasche. Wieder nichts.

„Du siehst das Brot", sagt der Bauer, „aber es gehört dir nicht."

71

Der Sohn, ganz bleich im Gesicht, kriegt den Mund nicht mehr zu vor staunendem Entsetzen. „Soll das heißen, dass ich verhungern muss?"

„Nein, mein Sohn" versucht der Bauer zu beruhigen, „aber Du wirst wohl dafür arbeiten müssen. Arbeit hast du leider immer gescheut wie der Teufel das Weihwasser. Aber es wird dir nicht helfen, geschenkt kriegst du hier nur, wenn du dich selbst anderen verschenkst."

„Du arbeitest ja auch nicht, warum kannst du essen und trinken und all den Überfluss genießen?" fragt der Sohn vorwurfsvoll.

„Ich habe mein Leben lang gearbeitet, nicht nur für mich, sondern auch für dich, für meine Familie. Vor Arbeit würde ich mich auch nicht fürchten. Sie würde mir nicht weh tun. Und Dir auch nicht. Also fang endlich an damit. Du siehst doch, wie leer dein Leben ist, und wie öd deine Umgebung. Du hast alles, was du dafür benötigst. Einen Acker, Wasser, Luft, Erde, Sonne, Regen, Werkzeug, wonach immer du fragst, es wird dir gegeben. Nur Arbeiten musst du, dann wird auch deine Ernte nicht ausbleiben."

„Ich kann nicht", sagt der Sohn mit weinender Stimme, „ich habe es nie gelernt".

„Dann wirst du es jetzt lernen müssen. Es gibt kein Erbarmen, glaub mir. Du musst dich für das Leben oder für die Verdammnis entscheiden. Es ist deine eigene Entscheidung."

„Es tut so weh!", jammert der Sohn, „nicht einmal das Weiße unter meinen Fingernägeln gehört mir".

„Die Erkenntnis tut weh. Und weil du hier und jetzt den Unterschied zwischen Leben und Verdammnis viel markanter siehst, als dies auf der Erde je der Fall war. Du kannst weiter dahinvegetieren, in Hunger und Durst, in einer öden Gegend ohne Freunde oder Feinde, denen man etwas nehmen könnte, oder du kannst beginnen, Verantwortung zu übernehmen, dir eine Arbeit zu suchen, das Eigentum anderer zu respektieren. Du wirst dir das Leben erarbeiten müssen, wenn du dich für das Leben entscheidest. Dieser Ort hier kann für Dich die Hölle bleiben, oder er kann der Himmel werden, also entscheide dich."

„Ich möchte es ja versuchen", lenkt der Sohn ein, „aber wie soll ich es anfassen? Ich weiß ja nicht einmal, wo beginnen."

„Wenn du möchtest, kann ich dir jemanden empfehlen, der dir lernt, zu arbeiten. Das würde aber heißen, dass du dich unterordnen müsstest, und das hast du leider ebenfalls nie gelernt. Und die Ersten, denen du dich zuwenden solltest, sind diejenigen, denen du am meisten weh getan hast. Fang bei unserem Nachbarn an."

„Nie, nie, nie im Leben werde ich zu unserem Nachbarn gehen und ihn um Verzeihung bitten. Das mache ich nicht."

„Es würde dir aber gut anstehen, und vor allem würde dich die Demut einen Schritt weiter bringen. Du wirst sehen, dass er dir verzeiht. Er ist kein Unmensch. Er lässt dich nicht hungern und dürsten. Er wird dir helfen".

„Er würde mir nicht einmal die Hand reichen, so wie ich ihm beim letzten Aufeinandertreffen verflucht habe. Wie soll ich mich bei ihm entschuldigen? Was habe ich ihm nicht alles Böses getan. Ich habe ihn bestohlen, was das Zeug hielt. Seine Garage mitsamt seinem Auto angezündet, seinen Hund vergiftet, und, und, und – er kann mir unmöglich verzeihen, und ich kann ihm unmöglich vor die Augen treten, geschweige denn mich entschuldigen. Dabei gibt es Menschen, denen ich noch viel übler zugesetzt habe. Muss ich mich bei allen entschuldigen? Das kann ich nicht, nie!"

„Es wird Dir nicht erspart bleiben, aber um es dir leichter zu machen: erinnerst du dich an das Schulmädchen von der Strasse nebenan? Du hast ihr ein Bein gestellt und sie verlor dabei ihren Einkaufskorb. Der Inhalt war auf der ganzen Straße verstreut und du hast dich köstlich amüsiert. Das Mädchen weinte und du hast schallend gelacht."

„Ach, das war doch nur ein Scherz, eine unwesentliche Kleinigkeit. Gar nicht der Mühe wert und auch schon vergessen."

„So wie tausend andere Scherze, mit denen du deinen Mitmenschen zugesetzt hast. Beginn mit diesen Kleinigkeiten, wie du sie nennst, und finde dann den Mut, deine größeren Vergehen auszubügeln. Du kannst dich in genau diesen Zeitpunkt und Situation hineinversetzen, als du ihr das Bein gestellt hast."

„Und dann?"

„Und dann reagiere richtig, hilf ihr auf, entschuldige dich, fülle das Brot, Obst und Gemüse von der Straße in ihre Einkaufstasche, begleite sie ein Stück des Weges nach Hause und biete ihr deine Freundschaft an. Sie wird sie annehmen und ihrer Mama stolz erzählen, was für einen netten Nachbarn sie kennenlernen durfte. Die Begebenheit wird dir Mut geben. Mit jedem Feind, den du dir zum Freund machst, wirst du mehr Einsicht und Freude zurückgewinnen. Fang an. Ich für meinen Teil muss dich jetzt verlassen, aber ich behalte dich im Auge und werde dir weitere Ratschläge erteilen, sofern du welche benötigst".

„Nein, geh noch nicht." Und weg war der Vater, und ich mit ihm.

„Aber", sage ich, „in einem Punkt hat er Recht. Du arbeitest hier ja auch nicht und hast doch alles, was du möchtest."

„Ich sehe, worauf du hinaus willst. Aber siehe, ich habe ja auch keinen Hunger. Wenn ich einen Apfel esse – um bei dem Wort zu bleiben – dann geschieht dies imaginär. Ich genieße den Apfel, die fleischige Frucht, das Aroma. Ich esse nicht, um den Hunger zu stillen. So einen Zustand wie Hunger oder Durst, Leid oder Schmerz kennen wir nicht mehr. Das sind biologische Zustände, keine geistigen. Ich habe ja auch kein Verdauungsorgan, aber sehr wohl einen Geschmackssinn. Ich muss nicht einmal in den Apfel beißen. Es genügt, das Wunder Apfel als Wunder der Schöpfung zu erkennen.

Aber wir kommen ab vom Thema. Hoffnungslos ist die Lage für meinen Sohn nicht. Wenn die ersten Erfolge kommen, wird die Welt rasch bunter und erträglicher. Es ist aber noch ein langer Weg, eine lange Strecke, bis er sich seinen Mitmenschen öffnet, opfert, bis er die Schönheiten der Natur findet, Gott in sich entdeckt, die Demut, die Hochachtung vor der Schöpfung, die Zeit verliert, seine Sinne zu nützen weiß, und schließlich das Geistige, das Geistliche, über das Körperliche zu stellen vermag. Er muss durch diese Stufen der Hingabe, des Dienens, der Demut, des Daseins für andere durch, andernfalls bleibt ihm der weitere Weg versperrt. Verstehst du nun die Vergleiche Jesus mit dem Reichen, der nicht durch das Nadelöhr gelangt, oder dem Auftrag, dass wir wie Kinder werden müssten? Diese Dimension hier ist aber erst die erste Stufe, jedoch die schwerste von allen."

„Die erste Stufe? Wie sieht dann die nächste Stufe aus?", frage ich.

„Diese Frage werde ich dir nicht beantworten", sagt der Bauer. „Aber du wirst doch nicht ernstlich glauben, dass dies hier der Himmel ist, wie ihr es nennt? Der Heilige Geist hat es Paulus geoffenbart, sieh mal nach im zweiten Korintherbrief: 1 Korinther 2

Keiner von den Fürsten dieser Welt hat sie erkannt - denn wenn sie erkannt hätten, so würden sie wohl den Herrn der Herrlichkeit nicht gekreuzigt haben, sondern wie geschrieben steht: `Was kein Auge gesehen und kein Ohr gehört hat und in keines Menschen Herz gekommen ist, was Gott denen bereitet hat, die ihn lieben. Uns aber hat Gott es geoffenbart durch den Geist, denn der Geist erforscht alles, auch die Tiefen Gottes.

Es ist vielleicht eher ein Zustand so wie ihr das Fegefeuer beschreibt. Die bösen Mächte haben ihre Macht verloren, das Gute ist nicht mehr angreifbar, nicht mehr verletzlich. Wenn das Böse das Gute nicht mehr angreifen kann, dann verzehrt es sich letztlich selbst.

Versuche nicht, das siebte Siegel zu lösen, wenn du das erste noch nicht lösen kannst. Lass dich fallen im Vertrauen auf Gott. Ich aber werde jetzt auch dich verlassen. Du wirst noch mehrere Beispiele finden, das ist gewiss."

„Erkläre mir bitte noch etwas. Das Hineinversetzen in eine frühere Situation des Lebens, wie funktioniert das?"
„Es funktioniert nur, wenn man es tatsächlich will und dazu bereit ist. Du hast zu Beginn schon die Erfahrung gemacht, dich in verschiedene Epochen der Geschichte versetzen zu können. Bevor du das auch wirklich genießen kannst, musst du dein Leben ordnen. Zu diesem Zweck kann jeder, der in dieses „Vorzimmer", wie wir es nennen, gelangt, jeden einzelnen Augenblick seines vergangenen Lebens abrufen - und korrigieren."

Weg war er. Ich hätte mich gerne noch bedankt. Und irgendwie habe ich das Gefühl, ich kann mich auch bedanken, wenn ich ihn nicht sehe, denn er ist ja da. Es ist dasselbe Gefühl, das du hast, wenn du einen lieben Menschen verlierst, mit dem du noch viel besprechen wolltest, bei dem du dich bedanken wolltest, bei dem du dich entschuldigen wolltest. Jetzt weiß ich es: Tu es einfach. Er ist bei dir, auch wenn du ihn nicht siehst.

Ich bin überzeugt, dass ich auch noch weitere Fragen stellen könnte und diese werden immer mehr. Aber nun lasse ich einfach die nächsten Dinge auf mich zukommen. Ich werde erfahren, was ich erfahren muss, und mir wird verborgen bleiben, was verborgen bleiben muss. Auch die Tatsache, nicht alles wissen zu müssen, kann man genießen.

Kirchengeschichte

Es ist einfach unbeschreiblich schön hier. Ich möchte schon gar nicht mehr zurück und denke an Egons Worte, dass mir bei weitem nicht alles offenbar würde weil ich zurück müsse auf die Erde. Warum hat er mich überhaupt hier hergebracht? Es ist wie eine Flasche Alkohol, die man dem Süchtigen vorenthält und die er nicht anrühren darf. So müssen sich auch Adam und Eva beim Anblick des verbotenen Baumes gefühlt haben. Im Gegensatz zu Adam und Eva habe ich nicht einmal die Wahl, zurück zu gehen oder hier zu bleiben. Ich muss zurück. Hoffentlich nicht allzu bald.

Ich sitze wieder auf einer vertrauten Bank in den Bergen meiner Heimat und genieße den Sonnenaufgang. So intensiv wie immer hier oben. Ich bin umgeben von der üppigen Flora und Fauna, dem Geruch der Blumen und dem Zwitschern der Vögel. Vor mir beobachte ich eine Herde von Gämsen und Steinböcken, und eine leichte Brise weht vom Tal herauf.

Franz hat mir einen Floh ins Ohr gesetzt, den ich nicht mehr los werde. Ich sollte mich mit Augustin über die Geschichte des Christentums unterhalten. Das mag ich nicht so recht, denn Pfarrer Augustin war bekannt für seinen unerschütterlichen Glauben an das Wort der Bibel. Nichts und niemand konnte ihn davon abbringen. Es war auch schwer, gegen ihn anzukommen mit Fragen der Theologie, da er jede Bibelstelle im Schlaf beherrschte und dementsprechend kontern würde. Trotzdem wäre vielleicht eine Unterhaltung mit ihm recht interessant.

Da sehe ich einen Wanderer vom Berg herunterkommen. Das Amikt, das unter seiner schwarzen Albe hervorschaut, identifiziert ihn als Priester. Wir nannten dies als Ministranten immer scherzhaft das Firmenschild, oder die Visitenkarte, oder die PR-Identifikation. Pfarrer Augustin war nie ohne diesem unterwegs. Und tatsächlich erkenne ich Pfarrer Augustin, wie er näher kommt. Eigenartig, wie einem der Wunsch nach Kommunikation hier begegnet.

„Du wolltest dich mit mir unterhalten", sagt er. Über die telepathischen Fähigkeiten hier oben denke ich schon gar nicht mehr nach.

„Ich hatte dich immer als strenggläubigen Kleriker in Erinnerung, der keine Infragestellung des Bibelwortes zugelassen hätte."

„Das bin ich nicht mehr", sagt Augustin, „ich habe viel dazugelernt. Man würde mich heute mit Sicherheit als Häretiker exkommunizieren. Mir ist ein suchender, fragender Christ lieber als hundert fanatische Gläubige. Wenn wir uns unterhalten, muss ich voraussetzen, dass ich immer noch ein Suchender bin und alle meine Antworten meinem heutigen Wissensstand entsprechen, der beileibe nicht komplett ist. Darüberhinaus muss ich meine Antworten dem beschränkten Wissensspektrum angleichen, das dir zur Verfügung steht. Bitte fass das nicht als Beleidigung auf, aber beschränkt ist all unser Wissen, wenn wir hierher kommen. Was also möchtest Du wissen?"

„Deine Vorstellung von Himmel - soweit ich mich erinnern kann - war immer eine Welt oberhalb der Wolken, mit Barockengeln, Hallelujagesang, andauernden Gebeten und kirchlicher Orgelmusik. Hat sich das geändert?", frage ich Augustin.

„Und wie, mir schaudert allein an den Gedanken daran. Mein Vorzimmer, als ich hier oben ankam, war tatsächlich voller Barockengel und Orgelmusik. Man bekommt, was man sich vorstellt. Wer sich nicht komplett verschließt, bekommt rasch andere Eindrücke und bald ist die Welt nicht mehr so, wie sie vorher war. Besser, viel wundervoller und vor allem logischer. Du musst darauf gefasst sein, dass sich deine Vorstellungen vom Himmel komplett umkehren."

„Lehrer Franz hat mir einen Schrecken eingejagt mit seiner Theorie über die extrem starke Zunahme der Weltbevölkerung und den Ängsten, die damit verbunden sind."

„Damit hat er sicher recht, aber viele der Ängste werden von der Zeit überholt. Unsere Lehrer haben noch die Kinder geschlagen und dies als pädagogische Notwendigkeit erachtet. In den Familien war Gewalt gang und gäbe. Heute ist das alles strafbar. Frauen durften zu meiner Zeit noch nicht einmal wählen. Der Terrorismus forderte in den letzten fünf Jahren in Europa vielleicht hundert Todesopfer, tausendmal mehr fordert der Strassenverkehr. Also warum hat man vom einen Angst und vom anderen nicht? So relativieren sich manche Ängste. Aber es stimmt, die demographischen Daten mancher Länder sind erschreckend. Und wenn man Kriege und Epidemien vermeiden will, dann funktioniert eine Abkehr von diesem Zustand nur über die Bildung."

„Dann gibt es auch noch jene Menschen, die in bester Absicht predigen, dass die durchschnittliche Kinderzahl pro Familie unbedingt gesteigert werden müsse. Wer sonst, wenn nicht die Kinder sichern das Überleben der Alten, deren Pensionen und Auskommen bei immer kürzer werdenden Lebensarbeitszeiten? Sie setzen sich sogar dafür ein, dass Kinderbeihilfen unbedingt gesteigert gehörten und bezeichnen Familien mit vielen Kindern als musterhaft und menschenfreundlich."

„Das ist eine Milchmädchenrechnung. Mit jeder Steigerung der Bevölkerungszahl wird der Raum enger und die Ressourcen kleiner. Aber man sollte auch diese Angst nicht überbewerten. Angst ist noch nie ein guter Ratgeber gewesen."

„Womit wir bei der Rolle des Christentums wären. Darüber wollte ich eigentlich mit dir sprechen. Haben nicht die Religionen maßgeblichen Anteil am Zustand des heutigen Bevölkerungsproblems? Hat nicht die Kirche generell ein Problem mit sich selbst? Hat Jesus Christus diese Kirche gewollt?"

„Nein, Jesus Christus hätte wohl eine Kirche der Armen bevorzugt, aber es ist interessant, zuzusehen, wie sie sich verändert. Und vielleicht kommt am Ende dann doch das heraus, was ER sich wünscht.

Die Kirche hat an den vielen Todsünden ihrer Vergangenheit zu leiden und arbeitet vehement mit ihren heutigen ungelösten Problemen, wie zum Beispiel der Ehelosigkeit der Priester, der Verweigerung des Priesteramtes für Frauen oder der pädophilen Neigung vieler Würdenträger. Erst wenn sie die gegenwärtigen Probleme gelöst hat - und das kann bei der verkrusteten Hierarchie der Kirche noch Jahrzehnte dauern - kann sie die Fehler der Vergangenheit in Angriff nehmen. Dazu müsste sie zuerst einmal ihre eigene Geschichte umkrempeln, die geheimen Archive öffnen, die Fehler bekennen, Buße tun. Wer tut das gerne, freiwillig, demütig? Dann allerdings gäbe es eine Glaubensgemeinschaft, die mit der heutigen nichts mehr zu tun hätte. „DEIN ist das Reich, die Macht und die Herrlichkeit" predigt die Kirche und meint sich selbst damit. Der Heilige Franziskus ist daran gescheitert und auch Luther ist auf halbem Weg stehen geblieben. Beide hätten das Glaubensvolk hinter sich gehabt. Damals wie heute gilt: wer sich anmaßt, Kritik zu üben, wird mundtot gemacht oder gar exkommuniziert. Dazu gibt es genügend Beispiele.

Aber kommen wir zurück zu den Fehlern der Vergangenheit."

„Die da wären?"

„Nun, da brauchen wir nur in der Historie des Christentums blättern, das liest sich wie ein Horrorroman.

Sippenfehden, Verwandtenmorde, Ämterkauf, Vetternwirtschaft, Investiturstreit, Kreuzzüge, Ketzerei, Plünderungen, Ablasswesen, Hurerei, Unzucht, Großmachtansprüche, Inzest, Eifersucht, Tuschelei, Skandale, Machtgier, Folterungen, Blutbäder und, und, und. Was die Menschheit an Verbrechen erfunden hat, hat das Christentum nicht ausgelassen.

Beispiele gefällig?

Gegen den toten Papst Formosus wurde mehrere Monate nach seinem Ableben ein Schauprozess geführt wegen Meineid und Wahlbetrug. Zu diesem Zweck wurde sein bereits verwesender Leichnam auf einen Thron gehievt. Ihm wurden nachträglich drei Finger abgehakt mit denen er zu Lebzeiten geschworen hatte. Seinen Körper warf man in den Tiber.

Papst Damasus I. organisierte (um 380) eine bewaffnete Bande, die die Basilika des Gegenpapstes Felix II. stürmte und zahlreiche Gegner umbrachte.

Auch Papst Sergius III. kam nicht gerade mit lauteren Methoden auf den heiligen Stuhl. Seine Vorgänger ließ er umbringen, schwängerte eine Frau namens Marozia, die ihrerseits zahlreiche Päpste nach Belieben ermordete oder ermorden ließ. Sie schaffte es, ihren Sohn auf den Papstthron zu hieven, um zusammen mit ihm das Papsttum zu gestalten. Doch letztlich ließ ihr Sohn auch sie in den Kerker werfen.

Anno 954 starb Papst Alberich II., nicht ohne zuvor die nächste Papstwahl für seinen Sohn Octavian, mit 18 Jahren Papst Johannes XII., vorzubereiten. Dieser verwandelte den Lateranpalast in ein Bordell und das Zeitalter der „Pornokratie" wurde so weitergeführt. Ganz befreien von diesem Vorwurf konnte das Papsttum sich Jahrhunderte nachher noch nicht, selbst Luther war bei seinem Besuch in Rom 400 Jahre später noch entsetzt von der freizügigen Lebensweise der Geistlichkeit. Und das aktuelle Problem mit pädophilen Priestern zeigt, dass die Lösung noch in weiter Ferne liegt.

Viele der früheren Päpste hatten Familie und Kinder, wogegen - aus heutiger Sicht - eigentlich wenig einzuwenden wäre. Selbst Petrus war verheiratet. Aber mach das einmal den Klerikern klar.

Politisch machte sich der Papst zum Herrscher über Kaiser und Könige. Dies zeugt von der Machtgier um die Weltherrschaft, ebenso, wie sie sich mit ihrem Schweigen gegen das NS-Regime für millionenfachen Judenmord mitverantwortlich machten, von den Verbrechen der Inquisition im Mittelalter ganz zu schweigen. Die wenigen Widerstandskämpfer, die sie nachträglich heilig sprachen, entschuldigen dieses Schweigen nicht.

Vom genetischen Code, den Jesus in das Christentum gesetzt hat, ist schon längst nichts mehr übrig."

„Wie kann man dann noch an das Christentum glauben?"

„Wer wirft den ersten Stein? Das Böse - so wie auch das Gute - ist in jedem von uns, das ist menschlich. Den Christen wurden mit zahlreichen Christenverfolgungen arg zugesetzt. Bis zum Jahr 300 n.Chr. starben nicht weniger als 28 Stellvertreter Petri - das Wort Papst war noch nicht erfunden - den Märtyrertod, das heißt bis dahin fast jeder römische Bischof, und mit ihnen unzählige GlaubensgenossInnen. Den zahlreichen Verfehlungen der Kirche stehen mindestens ebenso viele gute Taten gegenüber.

Ich kann jeden verstehen, der an der Kirche zweifelt und verzweifelt. Aber diese Kirche, die von Jesus gegründet wurde, kann man nicht von Außen, sondern nur von Innen her neu ordnen und umgestalten. Das dauert, die Geduld ist auf die Probe gestellt, wie sie es in der Kirchengeschichte schon immer war. Wenn sich jeder, der sich an Ungerechtigkeiten stößt; der die sonntägliche Predigt des Pfarrers oder seine Lebensart kritisiert; der sich über die Verfehlungen der Kirche wundert - auch die Tatsache der exponentiellen Zunahme der Bevölkerung zählt dazu; wenn jeder, der sich über die träge Kirchenpolitik des Heiligen Stuhls ärgert, der Kirche den Rücken kehrt, wie wollen wir sie dann ändern?"

Ein gutes Beispiel geben die zahlreichen Heiligen, die wir verehren. Es stimmt natürlich, dass einige von ihnen sehr zweifelhafte Heilige sind, da war man mit der Heiligsprechung zu voreilig oder vielleicht auch oft politisch gesinnt. Andererseits erleben wir täglich Menschen, die im Sinne Jesu tätig sind und sich für andere aufopfern. Menschen, die im wahrsten Sinne des Wortes „heilig" sind, aber unbekannt bleiben und im Hintergrund arbeiten.

Legen wir unser Augenmerk auf den Hlg. Franziskus von Assisi. Man muss sich in seine Zeit hineinversetzen, um ihn zu verstehen. Als anfänglicher Kreuzfahrer hat er erkannt, dass der Eroberungswahn und das Machtstreben des damaligen Christentums nicht das ist, was Gott möchte. Er verschrieb sein Leben der Armut.

Heute glaube ich, dass Gottes Auftrag, seine Kirche zu erneuern, von Franziskus falsch verstanden wurde. Gott hatte nicht das kleine Kirchlein San Damiano gemeint, sondern seine gesamte Kirche. Franziskus hätte zweifellos die Fähigkeit und den Rückhalt der Gläubigen gehabt, diese Kirche zu erneuern, aber an diese umfassende Änderung wohl nicht gedacht.

"Aber," entgegne ich, "die heutige Kirche weiß über ihre Fehler in der Vergangenheit und hat daraus gelernt, oder?"

Glaubst du das wirklich? Dann muss ich dir ein paar Schlagzeilen liefern:

Vielleicht weiß Papst Franziskus über die Finanzen der Vatikanbank Bescheid, vielleicht auch nicht. Niemand scheint Genaues darüber zu wissen. Der Mantel des Schweigens ist dick. Ich erinnere an den bekannt gewordenen aber nie aufgeklärten Geheimfonds des Staatssekretariats, an die vielen Unregelmäßigkeiten, die immer wieder öffentlich werden, an die Namen Calvi (Suizid in London), Scarano oder viele andere, die sich bereichert haben. Schon möglich, dass der Heilige Vater eingeweiht ist in die Investitionen der Vatikanbank in Waffengeschäfte, Herstellung von Beton, Zement, Kupfer, Rohstoffe - oft durch Kinderarbeit gefördert. Schon möglich, dass ihm das alles zur Kenntnis gebracht wurde, aber was soll er machen? Er ist verstrickt in einem korrupten Netz von Geschäftemachern. Dieses Netz zu zerschlagen würde das Finanzsystem des Vatikans sprengen. Mehr als die Hälfte aller Immobilien Roms gehören der Vatikanbank, Privathäuser eingeschlossen. Mit einer Änderung dieses Systems müsste man auf die Verwaltung aller Kirchengebäude verzichten, inclusive aller darin enthaltenen Kunstschätze. Was Jesus egal wäre, dem Klerus aber eben nicht.

Weiteres Beispiel: Glaubst du wirklich, dass Papst Franziskus glücklich ist über die vielen Sexualvergehen und Vertuschungen von Pädophilie? Ich erwähne Karadima, Pell, Fresno, Barros, Groer, McCarrick, um nur einige zu nennen. Ich erinnere an die Omertá, des beispiellosen Netzes des mafiosen Stillschweigens, welches die kirchlichen Hierarchien gesponnen haben, um kriminelle Glaubensträger zu schützen?

Es ist augenscheinlich, dass Papst Franziskus liebend gerne Hand anlegen würde an der Ehelosigkeit der Priester, dem Frauenpriestertum, oder dem Kommunionsempfang wiederverheirateter Geschiedener? Eine weitere Generation wird vergehen müssen, bis die Szene ganz von Bischöfen beherrscht ist, die nicht in den langen 35 Jahren des Wojtyła-Ratzinger-Pontifikats ernannt und geprägt worden sind. In der Zwischenzeit bleibt Franziskus' Regierung für jede Erschütterung anfällig. Nachzulesen im wunderbar recherchierten Werk "Das Franziskus Komplott" des Vatikankenners Marco Pol.

Noch etwas gebe ich dir zu bedenken. Die Römisch-katholische Kirche besitzt über das am weitesten verzweigte Spionagesystem der Welt, CIA und Kreml eingeschlossen. Immerhin greift dieses Netz auf Jahrhunderte alten Informationen seiner Priester und Bischöfe über deren "Schäfchen" zurück.

Der Vatikan ist die einzige Religionsgemeinschaft mit UN-Mandat. Er betreibt mehr Botschaften weltweit als jede andere Nation.

"Wozu brauchen wir dann überhaupt Kirchen?"

"Weil es einfacher ist, sich als Glaubensgemeinschaft zu treffen und auszutauschen, wenn es Orte gibt, in denen wir uns als Gemeinschaft wohl fühlen. Wichtiger noch die sich daraus ergebenden Fragen: Warum müssen wir diese Orte mit Reichtum schmücken? Warum müssen Kirchen Museen sein? Warum verkommen die heutigen Liturgiefeiern manchmal zu einer Nachhilfestunde für Gesang und Turnübungen? Glaubst du wirklich, Jesus würde sich im Petersdom wohl fühlen? Oder Franziskus in der zu seinen Ehren gebauten Basilika zu Assisi? Der Reichtum, meist mit unlauteren Methoden den Gläubigen abgerungen, würde sie ekeln und abstoßen. Die Diskussion, das Gespräch und die Anliegen der Gläubigen würden ihnen fehlen. In welcher Liturgiefeier hat man als Gläubiger die Möglichkeit, Fragen zu stellen oder Hilfe für die eigenen Anliegen zu erbitten?"

„Aber die Kirche hat doch auch eine kulturelle Aufgabe, diese für Gott geschaffenen Kunstwerke zu erhalten."

"Nein, hat sie nicht. Allein mit dem Verkauf der Pieta von Michelangelo an private Kunstsammler und -erhalter lie-ßen sich zahlreiche Krankheiten, wie Aids ausrotten. Die Kunstschätze wären trotzdem zugänglich, was sollte ein Kunstmäzen schon mit einem Schatz, der allen verborgen bleibt? Ich möchte auch nicht gegen die Kunst wettern - für die Schönheiten leben wir ja gerade. Aber ich möchte die Schönheiten etwas differenzieren. Die Schönheiten der gottgegebenen Natur und die Schönheiten der vom Men-schen geschaffenen Kultur haben eines gemeinsam: des Menschen Herz zu erfreuen. Wenn sich die Religion aber ereifert, die Kultur des Menschen zu bevormunden, macht sie denselben Fehler, den sie zu Kepplers und Coperni-cus´ Zeiten mit den Wissenschaften gemacht hat. Es ist kaum 400 Jahre her, als sich die Kirche windend und nach Ausreden hechelnd zur Kenntnis nehmen musste, dass die Erde rund und keine Scheibe sei, und schon gar nicht der Mittelpunkt allen Seins. Galileo Galileis geflügelte Wor-te nach dessen Häresieprozess klingen noch heute in den Ohren ´.... und sie dreht sich doch`. Es ist ein Paradoxon: Natur, Kultur, Religion und Wissenschaft können sehr gut nebeneinander existieren, wenngleich sie sich manchmal auch widersprechen. Es bedarf keinen erhobenen Zeige-finger der Einteilung in Gut und Böse, Richtig oder Falsch. Weder von der Religion noch von der Politik, noch von der Wissenschaft. Die Irrtümer, die der Mensch begeht, korri-gieren sich früher oder später von Selbst.

Ich glaube, das ist vorerst einmal genug für dich zum Ver-dauen. Ich lasse dich jetzt mit deinen Gedanken allein. Du wirst ohnehin bald wieder abgeholt und auf die Erde zu-rück gebracht werden. Ich wünsche dir viel Glück und wei-terhin viele Erlebnisse, die dich ins Staunen versetzen.

Mein Tipp zum Schluss: Höre nie auf, Dinge zu hinterfragen."

Mit diesen Worten verschwand er. So kritisch kannte ich Augustin gar nicht. Bevor ich ihn traf glaubte ich, nur wenige Fragen zu haben, jetzt wären es Hunderte.

Wettbewerb

Das gesamte Erdzeitalter ist für unsere Vorstellungskraft unvorstellbar. Wenn wir sie auf einen Tag umrechnen, so ist der Mensch – Homo sapiens – gerade vor 4 Sekunden auf die Bühne gekommen. Die Theorie des Urknalls, an den wir heute so sicher glauben wie die Menschheit vor 400 Jahren noch an die Erdscheibe, wird vermutlich noch mehrmals revidiert. Dass aus Nichts durch einen Knall so etwas Gewaltiges wie das All entstehen soll, hat mir noch kein Wissenschafter schlüssig erklären können. Und dass wir in den Weiten des Weltalls nicht alleine sind, wird von vielen namhaften Wissenschaftern nicht mehr angezweifelt. In diesen Punkten wurde ich hier oben auch nicht schlauer. Entweder bin ich einfach noch nicht so weit, benötige eine weitere Stufe um zu dieser Erkenntnis zu gelangen, oder Gott hat es mich einfach wieder vergessen lassen. Darauf wurde ich schon mehrmals hingewiesen.

Gott hat uns die Phantasie gegeben. Diese reicht zwar nicht annähernd an Gottes Wirklichkeit heran, ER erlaubt uns aber dennoch, ja ermutigt uns sogar, diese beschränkte Phantasie bis zum Letzten auszureizen. Nur so sind Erfindungen und Entdeckungen möglich, nur so können neue Gebiete, neue Welten, neue Erfahrungen entdeckt und gewonnen werden. Irrtümer und Fehlentscheidungen sind erlaubt. Um sie als Irrtum zu erkennen, muss man sie als Irrtum akzeptieren. Hier finde ich einen paradoxen Zusammenhang mit dem Leben nach dem

Tod. Hier erkennen wir unsere Fehler automatisch, müssen sie aber als solche akzeptieren um sie korrigieren zu können.

Wir wollen uns aber jetzt nicht in die Weiten des Weltalls begeben oder zurück in die Erdgeschichte, sondern bleiben in der Jetztzeit, also im vergangenen Jahrhundert, das uns immerhin zwei Weltkriege und unsäglich viele Kampfschauplätze gebracht hat, aber auch viele wertvolle Erfindungen, wenn wir nach Dampfmaschinen, Automobilen und Flugzeugen im Industriezeitalter bis zur Elektromobilität im Computerzeitalter blicken.

Das sind nur 100 Jahre! Und was werden wir in weiteren 100 Jahren haben? Eines ist sicher, lauter NEUE Menschen.

Daher ist es auch absolut legitim, über unsere Herkunft und Zukunft, über Gott und das Leben zu sinnen.

Da erscheint es mir wichtig, darüber nachzudenken, was uns heute bewegt. Und ob das, was uns bewegt, es wert ist, uns davon bewegen zu lassen.

Nach dem Tod meiner Eltern, die einem Autounfall zum Opfer gefallen sind, machte ich Gott für ihr Schicksal verantwortlich. Wie es vielleicht viele andere in meiner Situation auch getan hätten. Um Antworten zu bekommen, besuchte ich ein Seminar mit Elisabeth Kübler-Ross, und traf dort auf Christian, einem Mitschüler, wenn man es so nennen kann. Mit ihm hatte ich viele sehr interessante theologische Gespräche. So meinte er, dass Gott nicht verantwortlich zu machen wäre für den Unfalltod meiner Eltern. Gott - der nach seiner Meinung in uns allen existiert aber von uns selbst nicht erkannt wird - sendet kein Leid oder Unglück auf die Menschen. Ebenso sendet er kein Glück oder gar einen Lotteriegewinn. Es geschieht einfach. ER sieht sich an, wie wir damit verfahren. Es wird uns erst später bewusst, dass wir es sind, die uns da selbst beobachten und erst viel später erkennen werden, ob wir richtig oder falsch reagiert haben. Darüber würde ich gerne mit Christian sprechen, und noch eine dringende Frage schleppe ich mit mir herum:

Ich habe in einem vorangegangenen Kapitel das Thema Wettbewerb erwähnt, und auch da ist Christian genau der Richtige. Gerade besuchte ich das KZ Mauthausen beobachte die Geschundenen des Holocaust auf der Todesstiege des Steinbruchs, der so vielen Häftlingen zum Verhängnis wurde. Ich mache mir Gedanken, auf welcher Seite ich wohl gestanden wäre, wäre ich ein, zwei Jahrzehnte früher geboren worden?

Plötzlich ist das schreckliche Szenario weg, und ich sitze mit Christian allein auf der verhängnisvollen Treppe, und Nein, wir haben uns nicht über die Kriegsgräuel unterhalten, darüber gibt es genügend einschlägige Dokumentationen, obwohl man nie genug über dieses dunkle Kapitel der Menschheit nachsinnen könnte. Wir unterhielten uns stattdessen über den Wettbewerb, der heute die ganze Menschheit am Laufen hält.

Christian forderte mich auf, mir in Gedanken die Idole meiner Kindheit bis zum heutigen Tage vorzustellen. Ob diese Idole nun der Wissenschaft, Politik, Sport, Mode, Architektur, Kunst, Physik, Chemie oder was auch immer entspringen, ist belanglos.

"Gut", sage ich, "muss ich die Person nennen?"

"Nein, sag mir nur auf welchem Gebiet dich diese Person beeindruckt."

"Computertechnologie", sage ich, "schließlich haben Computer mein ganzes Leben bis zum heutigen Tag laufend verändert."

"Dann", sagt Christian, "stellen wir einen Vergleich her mit dem neuen Testament.

Der Bibelteil, von dem ich spreche, handelt von der Taufe Jesu und seiner nachfolgenden Fastenzeit in der Wüste. Die Evangelisten Markus, Matthäus und Lukas berichten fast gleichlautend davon, obwohl es für die Geschichte in der Wüste keine Augenzeugen gegeben haben konnte; es waren ja nur Jesus und der Satan anwesend. Jesus muss also diese Geschichte mehrmals erzählt haben, und sie musste sehr viel Bedeutung für ihn gehabt haben. Sie diente ihm als Metapher, um das auszudrücken, was wirklich wichtig ist. Wir müssen diese Geschichte in den heutigen Sprachgebrauch übersetzen, um sie zu verstehen. Vieles an der Geschichte muss man mit der Symbolkraft deuten und im Zusammenhang mit dem damaligen orientalischen Sprachgebrauch. Von der Lebenszeit Jesu zwischen seinem 12. und 30. Lebensjahr wissen wir sehr wenig. Jesus hat eine überzeugte Vorstellung von Gott und wollte sie den Menschen nahe bringen. Der Vergleich funktioniert mit jeder Berufssparte, von Politik über Sport oder Kultur oder was auch immer. Das Ergebnis wäre dasselbe. Damit wollen wir gemeinsam erkunden, ob unsere Idole dem Maßstab, den Jesus von uns fordert, gerecht werden.

Bedienen wir uns eines Protagonisten, der in der heutigen Zeit lebt und eine bahnbrechende Idee hat, die die

Computerwelt komplett auf den Kopf stellen würde. So ähnlich erging es Jesus, und damit beginnt unser - zugegeben hinkender - Vergleich:

Unser Held weiß nicht, wie er seine Idee zum Nutzen der Menschheit umsetzen könnte. Er hat keine finanziellen Mittel, um seine Idee umzusetzen. Er hat auch keine Beziehungen zur Computerwelt, ausser einen Freund, der mit ihm dieses Hobby teilt. Zu diesem geht er, um ihn zu fragen, was er von seiner Idee hält. Allerdings kann ihm sein Freund nicht weiterhelfen. Er ist zwar beeindruckt, aber im Augenblick kann ich nichts für dich tun, meint er. Diese Idee übersteigt meine Fähigkeiten, aber ich kann mich ja umhören, wobei man ja aufpassen muss, dass dir nicht jemand diese Idee stiehlt und selbst zu Geld macht. Er gibt das Versprechen, nur andeutungsweise die Idee in Kreisen von Fachleuten zu erwähnen. Bald spricht es sich herum und unser Protagonist erhält ein Telefonat eines Computerkonzerns. Wir brauchen dich und deine Ideen, wir wissen nicht mehr weiter, wir bezahlen jeden Preis... Unser Mann freut sich, sagt aber nicht sofort zu, er möchte es sich zuvor überlegen. Dazu geht er auf einen Berg, um nachzudenken.

Szenenwechsel:

Jesus geht zu Johannes, um sich taufen zu lassen und um Rat zu suchen. Von ihm weiß er, dass dieser auf dem richtigen Weg ist. Johannes winkt ab. *Du kommst zu mir, um dich taufen zu lassen? Ich sollte von dir getauft werden.* Er weiß, er kann Jesus nicht das Wasser reichen und ihm in seinen Belangen nicht weiterhelfen. Doch dann mischt sich der Himmel ein und macht Jesus ein Angebot. Ein Angebot, das zwar den Himmel verspricht, aber keinen bedingten Erfolg bei den Menschen. Und was macht daraufhin Jesus? Er geht 40 Tage in die Wüste, um darüber nachzudenken. Die Zahl 40 steht in der Bibelgeschichte sehr oft für „Erwartung", oder etwas Neuem.

Nun kommen die berühmten drei Verführungen des Satans an Jesus heran.

Die Erste: Reichtum. Wenn Gott wahrhaftig hinter dir steht, wird ER aus diesen Steinen Brote machen. Und Jesus erwidert: „Der Mensch lebt nicht vom Brot allein. Das ist es nicht was ich will, ich will der Menschheit dienen."

Die Zweite: Macht. Wenn Gott dich liebt, wird er dich auffangen, wenn du dich von der Spitze des Turmes hinabstürzt. Jesu Reaktion: „Fordere Gott nicht heraus. Das will ich nicht, ich möchte der Menschheit dienen."

Die Dritte: Berühmtheit. Diese ganze Herrlichkeit gehört dir, wenn du mich statt Gott anbetest. Die Menschen werden dich auf Händen tragen. Jesus: „Geh mir aus dem Weg, Verführer. Das ist es nicht, was ich möchte."

Szenenwechsel:
Kommen wir nun wieder zu unserem Protagonisten: Was glaubst du wohl, würde ihm durch den Kopf gehen?"

" Vermutlich dieselben Verführungen.

Reichtum: Wenn ich diese Idee verkaufe, bin ich der reichste Mensch auf der Welt und könnte mir alles kaufen. Es gäbe nichts mehr, was ich mir nicht leisten könnte.

Macht: Mit dieser Idee kann ich jeden Politiker entmachten, jeden Staat korrumpieren. Die Welt gehörte mir.

Herrlichkeit: Ich wäre auf den Titelseiten jeder Zeitung, in keiner TV-Show würde ich fehlen, die Medien würden sich um mich reißen".

"Und wenn unser Held tatsächlich der Menschheit dienen wollte, würde er vielleicht zum selben Schluss kommen, wie seinerzeit Jesus: Das will ich alles nicht. Wie viele Menschen, frage ich mich, könnten diesen Verführungen am Ende widerstehen?

Ende der Geschichte. Der Vergleich funktioniert mit jedem Idol unserer Vorstellungen - sofern Er/Sie nicht den Verführungen von Reichtum, Macht und Herrlichkeit erliegt.

Heute beten wir nach jedem Vaterunser: „Denn DEIN ist das Reich, die Macht, und die Herrlichkeit, in Ewigkeit, Amen."

Wir beten das zwar, aber was tun wir? Sehen wir uns eine beliebige Nachrichtensendung an, oder eine Tageszeitung. Jede Tageszeitung beinhaltet in ihrem Umfang Außenpolitik, Innenpolitik, Reportagen, Sport, Wirtschaft usw. Jede Tageszeitung hätte leere Seiten, wäre uns nicht der Wettbewerb um Reichtum, Macht und Herrlichkeit so wichtig. Nicht einmal die Werbeinschaltungen halten dieser Kritik stand. Da darf man sich dann sogar die Frage stellen, warum Werbung nicht generell verboten wird, wie es der bekannte Friedensaktivist und Entwicklungsphilosoph Alec Gagneux auf seiner Website www.fairch.com anregt?

Nimm eine aktuelle Tageszeitung zur Hand, und gehe Seite für Seite durch. Du wirst mir bestätigen, dass jede einzelne Seite mit dem Wort Wettbewerb umschrieben werden könnte.

Das ist es, was Jesus uns sagen wollte. Wirklich wichtig in unserem Leben ist es nicht, reich, mächtig oder prominent zu werden. Menschen, die Reichtum, Macht oder Herrlichkeit anstreben finden wir wie Sand am Meer. Die Ausnahmen sind äußerst selten."

Jetzt weiß ich, warum es hier oben keinen Wettbewerb gibt. Das erklärt auch, warum Gott kein Unheil, Krankheit oder Schicksalsschläge schickt, ebenso wie ER - wenn wir schon von einer Person reden wollen - kein Glück sendet. Meist ist der Mensch an Glück oder Unglück, an Freud oder Leid, an Krieg oder Frieden Schuld, aber selbst mit dieser Aussage wäre ich vorsichtig. Es passiert einfach! Aber Gott - wenn man so will - schaut sich an, wie wir mit diesem Schicksal umgehen.

Der Bauer (ein weiteres Fallbeispiel)

Ich bin soeben durch mehrere Kultur- und Naturmonumente der Erde gewandert. Unglaublich, was die Natur, und auch die Menschheit, zu schaffen vermögen. Tausend Menschenleben würden nicht ausreichen, alles zu erforschen. Hier oben hat man Zeit dazu und kann sich jedem Wunder widmen. Komisch, ich nehme die Zeit nicht wahr, sehe Tag, sehe Nacht, ich erlebe wunderbare Sonnenaufgänge, und ebensolche Untergänge, benötige keinen Schlaf sondern bin immer hellwach, aber von Müdigkeit keine Spur. Das heisst aber nicht, dass genauso lange Nacht ist wie Tag denn man "denkt" sich in die Tageszeit hinein, je nachdem, was man gerade erleben möchte. Auch „unten" auf der Erde ist ja immer irgendwo Tag UND irgendwo Nacht. Dabei ist es alles andere als Schlaf oder Trance, man ist mit allen Sinnen da.

Nun streife ich durch die Vavelas von Equador und sehe die große Armut, obwohl das Land reich wäre an Rohstoffen und genug Platz für alle böte. Oder durch die Schluchten der Großstädte wie New York City, Hongkong, Tokio. Die Enge von Großstädten habe ich nie gemocht, manche können sich hingegen ein Leben auf dem Land gar nicht vorstellen.

Der Lärm, die Hektik und die vielen Versuchungen einer Großstadt machen es einem als dessen Bewohner nicht immer leicht, die Balance zu finden, um man selbst zu sein. Nur wer sich nicht zu viel auflädt, kann seinen inneren Frieden bewahren. Das Leben ist wie ein Wellental. Mal geht es einem besser, mal schlechter. Einmal erschlägt einen die Hektik, ein anderes Mal die Langeweile. Hier ist alles anders. Man widmet sich einer Sache und erledigt diese, ohne gestört zu werden und in die Lage zu verfallen, das Eine vor dem Anderen tun zu müssen. Ein unerledigtes Ding zu verschieben erzeugt allemal Hektik. Man hat - sprichwörtlich - alle Zeit der Welt.

Besonders als junger Mensch möchte man immer „Action" – das Leben in vollen Zügen genießen und mitnehmen, was immer es hergibt. Wenn man älter wird, kommt man dann drauf, dass es weder die Höhen, noch die Tiefen des Lebens waren, die am meisten in Erinnerung geblieben sind. Es waren die ausgeglichenen Zeiten, in denen man das Leben am besten im Griff hatte. Zeiten, in denen die Gegenwart überschaubar und die Zukunft kalkulierbar war. Darum ist man gut beraten, wenn man sich nicht zu viel auflädt, damit man immer eine Reserve hat. Eine Reserve, die Kraft gibt, die Hast des Alltags aufzufangen, die unversehens kommt. Eine Reserve, aus der man schöpfen kann, wenn Flaute eintritt.

Schon möglich, dass man sich an die Großstadt gewöhnen könnte. Ich aber war immer ein Landmensch und so zog es mich auch wieder in das Land hinaus. Doch auch hier habe ich mich oft schon gefragt, was die Menschen bewegt, die Spirale der Hektik immer weiter nach oben zu schrauben. Es mag schon sein, dass die heutige kulturelle, wirtschaftliche und politische Entwicklung keine „Auszeit" mehr zulässt. Die Sorge, man könnte nach einer solchen den Anschluss verlieren, ist nicht unberechtigt. Wenn aber schon keine Auszeit möglich ist, dann wenigstens ein Leisertreten, oder Entschleunigen.

Wie ich aus der Großstadt herauskomme, die Häuser immer kleiner werden, die Plätze weiter und der Verkehr geringer, so merke ich förmlich, wie ein Wandel in mir stattfindet, eine Art Metamorphose. Fast bin ich ein anderer Mensch. Ich rieche das Gras auf der frisch gemähten Wiese, ich höre die Vögel zwitschern und den Bach rauschen und meine Augen sehen sich an den Wäldern und Wiesen satt. Wie ich das genieße! In der Ferne sehe ich eine Mühle mit einem kleinen Bach. Das Mühlrad dreht sich. So etwas habe ich schon lange nicht mehr gesehen.

In meinem Heimatort standen auch solche Mühlen, an denen wir als kleine Kinder gerne vorbei spazierten. Das Wasser, die Umsetzung in Energie, das Klappern, alles faszinierte uns. Leider hat man diese Zeugen einer behäbigeren Zeit alle vernichtet. Sie hatten keine Aufgabe mehr. Ihre Zeit war abgelaufen. Ich sehe auf der anderen Seite des kleinen Bächleins einen Bauern, der mit seinem Knecht das eben gemähte Gras um die „Heuschober" wickelt, die es ja ebenfalls nicht mehr gibt. Das muss, denke ich bei mir, ein Mensch sein, der sich noch nicht in der "Vorstufe" befindet, also noch lebt. Dann wird er mich vermutlich auch nicht sehen können.

Aber er sieht mich, hebt er die Hand zum Gruß. „Ich bin Gerhard, da drüben siehst du meine Frau Linde." Ich bin trotzdem noch unsicher, sind die Beiden nun Lebende im Diesseits oder Lebende im Jenseits?

„Ich habe gerade die Mühle bewundert, die mich an meine Jugendzeit erinnert", sage ich zu ihm. "Aber noch mehr wundere ich mich über eure Betriebsamkeit. Wenn ihr Individuen auf der Erde seid, dann verstehe ich, aber offensichtlich habt ihr euren Übergang bereits hinter euch. Habt ihr es denn nötig, zu arbeiten? Hier oben? Habt ihr Euch denn wirklich für Arbeit am Feld, für mühsames Schuften entschieden?"

„Was du hier siehst", sagt Gerhard, "ist eine selbst auferlegte Verpflichtung. Komm mit zu mir nach Hause, ich will es dir erklären."

Er legt die Heugabel beiseite, um die sich mit einem fröhlichen Lächeln der Knecht kümmert, und deutet in die Richtung seines Anwesens, ein uraltes Holzbauernhaus mit einem angebauten Stall, wie ich von der Ferne sehe.

„Meine Frau und ich, musst du wissen, waren im früheren Leben Bauern. Unsere Arbeit am Feld ist keine Belastung mehr, weil die Verantwortung von uns gefallen ist. Allerdings gibt es da einen dunklen Punkt in unserer Vergangenheit, in unserem vorangegangenen Leben. Unser Sohn zog nach der Pflichtschule und Ableistung des Präsenzdienstes in die Stadt, um Landwirtschaft zu studieren. Wir waren von seinen Ideen nicht sehr erbaut, aber das war nicht das Problem. Er wohnte in einer Wohngemeinschaft mit einem anderen Studenten, und eines Tages mussten wir feststellen, dass seine sexuelle Ausrichtung diametral unseren Vorstellungen entsprach. Vereinfacht ausgedrückt: er war homosexuell und hegte eine tiefe Zuneigung zu seinem Mitbewohner. Für uns beide, die wir einem religiösen Umfeld aufgewachsen und entsprechend konservative sexuelle Vorstellungen hatten, war dies ein schwerer Schlag. Es kam zum Bruch unserer Beziehungen und wir haben Beide sehr darunter gelitten. Heute wissen wir, dass der Umgang mit unserem Sohn falsch war, dass unsere Meinung falsch war. Wie wir heute wissen, verlief die Beziehung zu seinem Freund äusserst harmonisch, sie heirateten sogar und adoptierten Kinder. Das alles war für uns unvorstellbar. Er lebt noch, sie alle leben noch, und wir haben uns entschlossen, unser altes Leben imaginär weiterzuführen, auf sie zu warten, auf unseren Sohn, unserem Schwiegersohn, auf unsere Enkel, um uns zu entschuldigen und den weiteren Weg ab hier mit ihnen zu gehen. Wir können keinen Kontakt mit ihnen aufnehmen, solange sie leben, deshalb unsere freiwillige Entscheidung. Vielleicht ist es das, was wir früher als Fegefeuer bezeichneten. Es ist keine Qual, wir wissen, dass alles gut werden wird".

"Seid ihr denn so sicher, dass er euch verzeihen wird?"

"Ja, hier oben gibt es keine Vorwürfe mehr. Der Bruch unserer Beziehung kam von unserer Seite. Es liegt an uns, den Fehler wieder gut zu machen. Deshalb das Warten. Auch unsere Mägde und Knechte teilen wohl ein ähnliches Los. Wir tun es sehr gerne, sozusagen als Busse. Sieh mal, das Leben in der Natur und das Annehmen der Verantwortung hat uns so mit Gott verbunden, dass wir nie einen Zweifel an dessen Existenz hatten."

„Mit Gott? Erzähl mir mehr darüber, ich möchte mehr wissen!", werfe ich ein.

„Nicht so hastig", sagt der Bauer, „du hast einen guten Kern in dir, wie jeder Mensch. Im Gegensatz zu vielen anderen scheint mir hast du immer daran gearbeitet. Dein Leben war geprägt von der Suche nach Gott. Sobald du Gott suchst, hast du ihn bereits gefunden. Du bist aber nur Besucher bei uns, scheinbar hast du noch eine Aufgabe. Vielleicht findest du deine Aufgabe erst, wenn du zurück bist in ´deiner Welt´. Frag mich nicht, welche Aufgabe für dich gedacht ist. Ich weiss es nicht. Du wirst sie selbst finden, wenn es an der Zeit ist. Vielleicht ist die Suche deine Aufgabe. Frag mich etwas anderes!"

„Was meinst du mit ‚Annehmen von Verantwortung‘?" frage ich.

„Sobald du dir erst einmal über die Existenz Gottes im Klaren bist, wird dir auch bewusst, dass diese Welt nicht nur für dich geschaffen ist. Sie gehört dir, aber nicht dir allein."

„Aber wie soll ich dann die Aussage in der Bibel verstehen, ‚macht Euch die Erde untertan‘?"

„Ganz einfach", sagt der Bauer. „Belebt sie, aber zerstört sie nicht. Handelt verantwortungsvoll. Hinterlasst sie euren Nachkommen so, wie ihr sie von euren Vorfahren bekommen habt. Ich weiß heute, welch schwieriges Unterfangen das ist. Allein in meiner Generation hat die Technik alles überrollt. Wo früher Hände gearbeitet haben, arbeiten heute Maschinen. Zwei Weltkriege bestimmten mein Leben, Not und Elend auf der einen, Sättigung und Überfluss auf der anderen Seite.

Für das Schlimme haben wir immer Gott zur Verantwortung gezogen, während das Gute immer durch unsere Arbeit entstanden zu sein schien. Spät haben wir erkannt, dass Gott unseren freien Willen nie stört und uns alle Möglichkeiten gibt: das Böse zu verhindern, das Gute zu bewirken. Oder anders ausgedrückt: zwei Werkzeuge haben wir zur Verfügung: Hass, der das Böse schafft; Liebe, die das Gute fügt. Die Nacht verdrängt den Tag, das Helle die Dunkelheit, die Liebe den Hass.

Aber nun komm, lass uns auf der Bank vor dem Haus rasten."

Ich hatte kaum bemerkt, dass wir schon da waren, so sehr war ich in Gedanken vertieft. Ein köstlicher Duft von Apfelstrudel erfüllte die Luft. „Warum rasten", frage ich, „wenn man doch angeblich nicht mehr müde wird?"

„Siehst du", sagt Linde, die eben mit einer Platte frischem Apfelstrudel aus dem Haus tritt. „Wir haben schon im früheren Leben gerne gearbeitet, und es macht uns keine Mühsal. Wir tragen keine Verantwortung mehr, sondern ergänzen, vollenden sozusagen unser vorheriges Leben. Für den Müßiggang hat der Herr den Himmel nicht erschaffen. Die Trägheit ist nicht umsonst eine der Todsünden."

„Das heißt, ihr macht diese Arbeit aus reiner Freude? Dabei kann man doch so viel unternehmen hier oben. Das füllt Jahrtausende an Abwechslung."

Die beiden lachen. „Das läuft uns ja nicht weg. Dass es für uns immer noch so etwas wie Zeit gibt, ist selbst auferlegt. Das sind wir uns selbst schuldig."

„So erklärt mir bitte, warum manche Menschen gebrechlich, behindert oder sehr arm auf die Welt kommen, andere gesund und in vollem Überfluss?"

„Es gibt viele Menschen, deren Leben durch einen Schicksalsschlag vollkommen umgedreht wird, oder die bereits mit einer Behinderung zur Welt kommen. Dann gibt es viele, die sich für eben diese Personen aufopfern, Eltern für ihre Kinder, Kinder für ihre Eltern und Angehörige, aber auch vollkommen fremde Personen, Leute in Krankenhäusern oder Hospizen und die vielen, vielen Menschen, die täglich aufopfernd für andere ihren Dienst

104

versehen. Glaube mir, sie tun es nicht um sonst. Der Lohn im Himmel wird groß sein.

Reichtum, Gesundheit oder Intellekt sind zwar Startvorteile, dafür wird aber auch erwartet, dass du mehr aus deinem Leben machst.

Stell dir die alte Oma vor, auf einer Alm oberhalb der Baumgrenze, wie sie an Wintertagen vor dem Ofen sitzt , vor sich hin betet und Socken für ihre Enkelkinder strickt.

Und dann stell dir den Geschäftsmann vor, dessen einziges Bestreben es ist, sein Vermögen zu vermehren. Selbst wenn er hin und wieder eine Opfergabe für Bedürftige spendet, so glaube ich dennoch, dass die alte Oma dem Himmel näher ist als der Geschäftsmann. Da stellt sich die Frage, was ist wichtig im Leben?

Auch Weisheit und Intellekt schafft keinen Vorteil, ist aber eine besondere Gnade Gottes, die wir benutzen können, der Menschheit und damit der Sache Gottes zu dienen.

Ob wir den Historiker betrachten, der die Bombenangriffe von Coventry, London, Hamburg, Leipzig und Danzig studiert, oder die Gräuel der KZs analysiert; oder den Universitätsprofessor, der die Geschichte der Urmenschen, der Pharaonen, der Inkas, der Saurier, das Weltall oder die Mikrowelt studiert; oder den Theologen, der dem Leben der Apostel, Jesus, Adam und Eva, Martin Luther und anderer Persönlichkeiten nachspürt; oder der Bäcker, der Schuster, der Strassenkehrer, die Hebamme,...

Sie alle haben eine Aufgabe. Wenn sie dieser Aufgabe ohne sich übermäßig zu bereichern, zum Wohle der Menschheit nachkommen, wird ihnen der Lohn nicht verwehrt werden. Sie werden mit Begeisterung dort weitermachen, wo sie auf Erden aufgehört haben. Sie erhalten alle ihre Rätsel gelöst und können die Fülle des Lebens genießen."

„Heißt das, dass sehr wohl eine gewisse Leistung erwartet wird?"

„Von jedem wird erwartet, Gott und somit dem Mitmenschen zu dienen. Jeder mit seinen Mitteln. Dass der Blinde, in Armut und Kriegswirren Geborene nicht so viel beitragen kann wie der Gesunde, in Reichtum und in völliger Freiheit Aufwachsende liegt auf der Hand. Hier erinnere ich noch einmal an das Gleichnis des Herrn, der ins Ausland reiste und seinen drei Verwaltern je nach Fähigkeit sein Vermögen anvertraute (*Lukas 19, 11-27*).

Die Demut vor Gott schließt auch die Achtung vor der Natur mit ein. Der Natur Schaden zuzufügen, ist kein Dienst am Menschen oder an Gott."

„Deine Wohnung im Himmel", sagt Linde, „wird so sein, wie Du sie Dir selbst machst. Daher sind manche Wohnungen sehr geordnet und hübsch, andere sind ein Chaos und nahezu unbewohnbar."

„Der Himmel sei voller Geigen", sagte mir einmal ein Lehrer. Das wäre mein Himmel nicht, entgegnete ich ihm. Er liebte Musik, besonders Kirchenmusik, Klassik von Mozart bis Bach, von Tschaikowsky bis Gershwin.

„Wenn du Geigen magst, wird er vorerst einmal voller Geigen sein. Für andere wieder kann der Himmel voller Blumen sein, voller angenehmer Düfte oder voller Wiedersehensfreude für seine Angehörigen. Du musst aber auch die Toleranz mitbringen, dass es Menschen gibt, die manchen Dingen keinen Wert zumessen, die für so etwas sogar Abscheu, Aversion empfinden. Oder sogar

Phobien, Ängste, etwa gegen Schlangen oder Spinnen. Wenn sie eine andere Art Musik mögen, werden sie diese bekommen. Wenn sie gar keine Musik mögen, wird sie ihnen nicht aufgezwungen, wie bei jeder Kunstrichtung, Malerei, Architektur, Literatur und so weiter. Das Leben hier ist allerdings so vielfältig, und dein Wissensdurst wird immer größer werden, dass du dich eines Tages keiner Sache und keinem Wissensgebiet mehr verweigerst und alles als Gabe Gottes betrachtest. Ich erwähnte bereits, im Himmel gibt es keinen Müßiggang. Es ist nicht so, dass man sich nicht einfach einmal hin sitzen und die Ruhe genießen könnte, das alles sei dir gegönnt. Aber du wirst immer mehr wissen wollen, bis du mit allen Fachgebieten vertraut bist und alles lieben wirst, auch die Geigen - und die Schlangen und Spinnen!"

Eine interessante Betrachtung. Mit jedem Wissensgebiet, das man sich aneignet, wird das Leben noch interessanter, noch bunter. Das erinnert mich an einen Konzertbesuch von Wagners Lohengrin, ein Geschenk meiner Töchter. Der amerikanische Autor Mark Twain hat es für mich auf den Punkt gebracht: Vier Stunden Zahnweh sind leichter zu ertragen. Andererseits gibt es Kunstkenner, die Wagner über alles lieben."

"Du solltest Mark Twain treffen, er liebt inzwischen Lohengrin!

Toleranz, mein Bruder", sagt Gerhard, „der Herrgott hat alle möglichen Kostgänger! Wenn ich dir aus meiner Erfahrung etwas mitgeben möchte, dann dies: sag allen auf der Erde, dass sie an ihrer Toleranz arbeiten sollen. Fehlende Toleranz war es, was meine Frau und mich hier zum Entschluss veranlasste, auf unsere Lieben zu warten, aber die Erkenntnis darüber ist Licht am Ende des Tunnels. Toleranz kann man lernen. Hat Jesus jemals über jemanden geurteilt?"

Dann wird es also so sein, dass der Wissensdurst hier oben so groß ist, dass man süchtig wird, und immer mehr wissen will?"

„Als Bedingung würde ich das nicht formulieren. Es ist eher so, dass einem nichts vorenthalten wird, was man wissen möchte, und dann erweitert sich der Horizont automatisch. Es ist auch nicht mehr möglich, dass dich ein Mitmensch täuschen könnte. Vergiss nicht, du kannst seine Gedanken lesen und er die deinen."

„Du hast mich soeben Bruder genannt. Seit wann sind wir Brüder?"

„Hier oben sind alle Brüder und Schwestern. Es gibt nur einen Schöpfer, der unser aller Vater ist, ergo sind wir Geschwister."

„Ein schöner Gedanke, mit dem kann ich mich anfreunden.

„Noch etwas beschäftigt mich: wie verfährt man hier oben mit Selbstmördern?"

„Deine Fragestellung ist schon gänzlich unlogisch. Hier oben verfährt niemand mit jemandem! Jeder hat sich seinen Himmel im Leben eingerichtet. Du erhältst genau die Ausgangsposition, die dir zusteht. Oder die Wohnung, die du selbst eingerichtet hast. Nach deinem Übergang, wenn wir es nicht Tod nennen wollen, wirst du genau wissen, wo dein Platz ist und die Ansätze finden, die dich letztlich zur Vollendung, zur totalen Liebe führen können.

Jeder wird sich als Sünder bekennen und wissen, dass es für ihn viel zu tun gibt.

Aber nun zu deiner eigentlichen Frage: die Motive für einen Suizid sind vielfältig. Die Prüfungen des Lebens sind Aufgaben, die bewältigt werden sollen. Die Werkzeuge, die ein Mensch bei Geburt erhält scheinen uns untauglich, oder zumindest ungerecht. Vielleicht haben aber gerade jene, die die untauglichsten Werkzeuge erhalten haben, hier oben einen Startvorteil. Was wiederum missverständlich klingt, denn vergiss nicht: Wettbewerb gibt es ja keinen mehr.

Wieviele Mauern aber muss ein Sterbender mit Reichtum, Macht, Ruhm, Hass, Neid, Wut, Vorurteile, Gier usw. abbauen, um zum Startpunkt des Friedfertigen, des Verfolgten, des Armen, des Trauernden zu gelangen? Die Aufgaben also, die wir Menschen in unserem Leben nach Möglichkeit erhalten, bedürfen einer Lösung. Manche, die eine Lösung des ihnen gestellten Problems als unlösbar erachten und deshalb aufgeben, entscheiden sich für den Suizid, vielleicht um einem Mitmenschen etwas zu beweisen, ihm eine Last auferlegen wollen, oder aber weil sie tatsächlich keinen Ausweg mehr sehen - und entziehen sich damit selbst weiteren Lebenserfahrungen. Wenn du vor deinen gestellten Aufgaben flüchtest und sie nicht zu lösen versuchst, wirst du sie nachholen müssen. "

„Das klingt hart, fast unmenschlich. Auf einer Schlafkoje eines Konzentrationslagers habe ich die Worte gelesen: Wenn es einen Gott gibt, muss er sich bei mir entschuldigen! Was sagst du dazu?"

„Daraus spricht die pure Verzweiflung. Verzweiflung, nicht mehr weiter wissen, kein Licht mehr zu sehen, sind die Hauptmotive von Suizid. Alle diese Menschen verdienen unseren vollen Respekt. Manche Theologen sprechen heute noch bei Suizid von einer Todsünde, vor nicht so langer Zeit hat man Selbstmördern noch die kirchliche Beerdigung verweigert. Das Problem hier oben zu lösen dürfte dem Opfer leicht fallen, denn er hat nichts mehr zu befürchten, niemand kann ihm etwas anhaben. Vielleicht kann er das Problem lösen, in dem er seinem Peiniger vergibt. Ob der Peiniger selbst damit klar kommt ist wiederum eine andere Sache."

Eine weitere Ursache für Suizid ist die Übersättigung der zivilisierten Welt, und der damit verbundene Müssiggang. Manche sitzen in der Hängematte und wissen nicht mehr, was sie mit ihrem Leben anfangen sollen. Jeder weitere Tag ist eine Qual. Vergleiche dagegen einmal die Kinder in der Dritten Welt. Warum, glaubst du, ist die Suizidrate in armen Ländern um so vieles niedriger? Weil die Menschen glücklicher sind!

In verzweifelten Situationen an Gott zu zweifeln, ist keine Schande. Das passierte sogar Jesus in seiner Todesstunde am Kreuz *Mein Gott, warum hast du mich verlassen?* Dasselbe ist auch von vielen Heiligen bekannt. Trotzdem, ob dein Gott nun Gott Vater, Christus, Allah, Buddha, Manitou oder sonst wie heißen mag, ob du an das Paradies oder an die ewige Verdammnis glaubst, ob dir das jüngste Gericht vorschwebt oder ob du an dein eigenes Gewissen als Richter glaubst, wenn du nicht kompletter Atheist bist und ein Leben nach dem Tod leugnest, in jedem Fall wird dir eines nicht erspart bleiben:

Er/Es wird dir sagen:

> Was soll ich mit all deinen Schätzen, die du mit höchst zweifelhaften Methoden angehäuft hast und die jetzt und hier nichts mehr wert sind?
>
> Was soll ich mit deinen Verdiensten, zu denen du gekommen bist durch perfekte Dressur oder Egoismus.
>
> Ich will nur eines wissen. Hast du die Welt so verlassen, wie du sie bekommen hast? Hast du sie zum Guten verändert? Hast du nur für dich oder für andere gelebt? Hast du andere erfüllt mit Leben?"

„Das klingt schon fast wie ein Schlusswort, dabei gehen mir gerade jetzt so viele Dinge durch den Kopf. Was für Schätze habe ich angehäuft? Was für Verdienste habe ich erworben?"

"Du musst weiter. Ich sehe, dass dich deine Gedanken beschäftigen mit der gerechten Verteilung von Kapital und Vermögen. Ein reicher Großgrundbesitzer, ein Landsmann von dir namens Jakob, kann dir mehr erzählen und dir weiterhelfen, du wirst ihn bald kennenlernen. Du bist auf dem richtigen Weg."

Und weg war er. Was sollte ich von einem Großgrundbesitzer lernen? Lassen wir es einfach kommen, wie es kommen möge....

Kapital und Vermögen

Ich war in China und durfte die verschiedenen Dynastien und Lebensweisen vergleichen; in Mexico zur Zeit der Inkas; in Ägypten zur Zeit der Pharaonen; im Reich der Nabazäer in Petra. Dabei stelle ich fest, dass alle hohen Kulturen auch einen hohen Totenkult pflegten und sich mit dem Leben "danach" auseinander setzten. Leider sind all diese Hochkulturen, aus welchem Grund auch immer, zum Fall verurteilt gewesen. Was für Parallelen sich hier auftun, obwohl Kontinente und Jahrhunderte diese Welten trennten. Da frage ich mich, ob unsere Kultur der ewig wachsenden Marktwirtschaft einmal einen ähnlichen Fall ins Bodenlose erleben muss. Ich stehe vor der New Yorker Börse, in der täglich Kapital in Milliardenhöhe gehandelt wird. Ein Mann tritt heraus, kopfschüttelnd und verwirrt wirkend, aber trotzdem zufrieden mit sich selbst. Das muss Jakob sein, ich weiß es.

"Gerhard hat dich schon angekündigt," tritt er auf mich zu. "Du hast ja schon eine lange Reise hinter dir und möchtest trotzdem noch wissen, wie eure Reise hier unten weitergeht. Viele intelligente Leute zerbrechen sich den Kopf und hätten auch gute Lösungen, das Chaos zu verhindern. Aber die Mehrheit lernt leider nichts aus der Geschichte, und denkt nur über eine Dekade weiter und das wars."

"Ist es denn so schlimm?" frage ich.

"Je nachdem, wie du es betrachtest," sagt Jakob, "kann es schlimm sein oder auch nicht. Jede Kultur muss die Konsequenzen ihres Tuns tragen. Ich gehöre zwar zu den Optimisten, aber Chaos, Kriege, Pandemien, Katastrophen sind Teil der ewigen Menschheitsgeschichte. Nach jeder Unordnung folgt wieder eine Zeit des Aufbaues. Die Menschheit hätte diese Wiederholungen nicht nötig, würde sie endlich dazulernen, aber es ist nun mal so. Bevölkerungswachstum ist nur ein Teil der Ungerechtigkeiten auf dieser Welt, der andere Teil ist Raffgier und Habsucht. Nie hat man aus der Vergangenheit gelernt.

Wie dir Gerhard bereits geschildert hat, war ich Großgrundbesitzer. Ein Kapitalist durch und durch. Heute würde man mich als Kommunisten bloßstellen. Ich konnte nichts von meinem Vermögen mitnehmen oder, wie es der Volksmund sagt: Das Totenhemd hat keine Taschen. Das Erste, was mir hier oben begegnete, war die Auseinandersetzung mit einem Bibelteil, namentlich Matthäus 6,19-34 ´Von der falschen und der rechten Sorge´.

Dort heißt es: *Sammelt euch nicht Schätze auf der Erde, wo Motte und Rost sie zerstören und wo Diebe einbrechen und stehlen; sammelt euch besser Schätze im Himmel, wo weder Motte noch Rost sie zerstören und wo Diebe nicht einbrechen und nicht stehlen; denn wo dein Schatz ist, da wird auch dein Herz sein.*"

"Welche Schätze sind damit gemeint?"

"Wer einem jungen Vogel, der aus seinem Nest gefallen ist, wieder zurück ins Nest hilft, hat nicht umsonst gelebt. Wer einem Gefallenen auf die Beine hilft, hat nicht umsonst gelebt. Wer einem Verzweifelten Hoffnung gibt, hat nicht umsonst gelebt".

"Du warst doch Großgrundbesitzer, da darf ich dir sicher eine Frage stellen: Besteht nicht ein gewisses Paradox darin, dass manche Menschen Grundstücke ihr eigen nennen, und andere nicht? Oder besser gesagt: warum kann man Grundstücke kaufen, die Erde gehört doch Allen?"

Jakob lacht. "Da hast du vollkommen Recht, die Grundelemente Luft, Wasser, Erde und Licht gehören Allen. Den Fehler haben wohl bereits Kain und Abel gemacht. Stell Dir vor, der eine Viehzüchter, der andere Ackerbauer, da kommt es recht bald zu Reibereien. ´Auf meine Seite gehst du mit deinen Viechern nicht, das ist mein Grund!` Eine verhängnisvolle Entscheidung gegen das Allgemeingut Erde. Genau genommen dürften Grundstücke nicht vererbbar oder verkäuflich sein, die Grundsteuer sollte einem Mietzins gleichkommen, eine Art Erinnerungssteuer, dass das Grundstück, das jemandem zur Bearbeitung oder Verwertung gegen Entgelt geliehen wurde, der Allgemeinheit gehört. Erlöse aus einem Benutzerwechsel würden dann der Allgemeinheit zufallen, und gelten nicht als Gewinn, den der bisherige Eigentümer in seine Taschen steckt. Dieser Fehler im System ist leider unumkehrbar. Gar nicht vorzustellen, welcher Aufschrei durch die Menschheit gehen würde, würde man plötzlich derart "enteignet".

Andererseits, irgendwann in grauer Vorzeit hat sich jemand dieses Grundstückes ermächtigt, ohne die Allgemeinheit zu fragen,.... Schon der Philosoph Jean-Jacques Rousseau erkannte seinerzeit, dass die Erde niemandem gehören dürfe, hingegen deren Früchte Allen. Das ist aber nicht die einzige Fehlentwicklung. Auch die Behauptung, unbegrenztes Geldvermögen und Unternehmensvermögen sei wirtschaftlich notwendig, ist ein

Trugschluß. Ebenso widerstrebt die ausufernde Berechnung von Zins und Zinseszins aller Logik.

Geld, das nicht durch Arbeit erworben wurde, sondern durch Investition und Kalkül, dürfte sich nicht vermehren, sondern lediglich als zinsenloses Kapital zur Verfügung stehen. Mit dieser Aussage lege ich mich nicht nur mit den Banken an, sondern mit allen Aktionären, Immobilienmaklern und Börsianern. Was glaubst du wohl, was die Händler in der Börse, aus der ich eben gekommen bin, dazu sagen würden?

Ein Vermögen von 5 Mrd. Euro - das und mehr nehmen viele Superreiche für sich in Anspruch, würde, bei 40 Jahren Arbeit, bei 230 Tagen im Jahr, 8 Stunden am Tag, und natürlich bei Abzug von Einkommensteuer laut einer „Stundenlohnberechnung" von Harald Wozniewski einen Stundenlohn von 132.000 Euro voraussetzen.

Ich will hier keinen Neid schüren, aber die Frage aufwerfen: wie viel Vermögen kann man einem Menschen zugestehen, dem ein Ferrari in der Garage, eine Luxusjacht und ein Swimmingpool vor seiner Privatvilla sehr wohl gegönnt ist? Muss es mehr sein?

Problem dabei: die Experten der Weltwirtschaft denken zu kurzfristig. Hätten Maria und Josef zurzeit der Geburt Jesus einen einzigen Pfennig (welche Geldeinheit man auch immer heranzieht) in einer Bank heutiger Prägung mit Zins und Zinseszins investiert, keine Bank der Welt könnte die angelaufene Summe heute zurückzahlen. Allein daran sieht man, dass ewiges Wachstum ein Widerspruch ist. Selbst die Berechnungen der Befürworter zur Rentabilität von Atomkraftwerken verfangen sich in diesen kurzfristigen Prognosen. Ebenso hat die derzeit sich abzeichnende Blase bei den Immobilien darin seinen Grund."

"Aber es gibt doch supranationalen Überwachungsinstitutionen wie den IWF (Internationaler Währungsfonds) oder Kontrollen der Eurogruppe wie das CBO (Congressional Budget Office) oder die Fünf Weisen (Sachverständigenrat zur Begutachtung der deutschen Wirtschaft). Diesen Experten ist doch zu glauben, oder?"

"Leider nein, alle diese Institutionen liefern laufend Fehlprognosen zum Wirtschaftswachstum und werden trotzdem nicht zur Verantwortung gezogen.

Es bedürfe einer dringenden Umverteilung eines Teils des Vermögens von nur 1% der Reichsten zu den 40% der Ärmsten. Oder zumindest eine Deckelung, eine Obergrenze des ethnisch erlaubten Vermögens. Diese Grenze mag ohne weiteres hoch angesetzt sein. Alle, auch die Reichsten, würden letztlich davon profitieren. Jedes Jahrhundert hat seine Bereinigung, und ich sehe auch für die derzeitige Situation keine andere Möglichkeit. Wenn auch mit Chaos, Elend und Schrecken verbunden, das Problem wird sich bedauerlicherweise von selbst lösen."

"Du machst mir Angst. Ist die Katastrophe vorprogrammiert?"

"Das kommt ganz darauf an, wie du ´Katastrophe´ definierst. Die Menschheit wird weiter bestehen. Für uns hier oben ist Katastrophe der Supergau, etwa wenn ein Despot die ganze Menschheit vernichten würde, oder ein anderer Stern die Erde. Aber in diesem Fall ist das ein immer wiederkehrendes, tödliches Spiel, das wieder von vorne beginnt mit denselben Fehlern, die bisher gemacht wurden, wenn wir nichts aus der Geschichte lernen.

Wie bereits erwähnt, ich konnte nichts mitnehmen, hier oben gibt es kein Vermögen, das zu verteilen ist. Kein Geld zu verleihen, kein Grund zu kaufen, keine Immobilie und keine Aktie zu erwerben. Ich würde - wenn mir die Gelegenheit geboten würde - heute anders leben und mir andere Schätze suchen. Solche, die ich hier herauf mitnehmen kann.

Wenn du mehr wissen möchtest über die verfehlte Wirtschaftspolitik der Menschheit, dann empfehle ich dir die Lektüre von Christian, Kreiß. Profitwahn: Warum sich eine menschengerechtere Wirtschaft lohnt."

"Wie sieht die Zukunft der EU aus? Bietet sie eine Möglichkeit der gemeinsamen Gestaltung?"

"Dazu müsste die EU erst einmal weg vom Einstimmigkeitprinzip. Demokratie lebt nun einmal von der Mehrheit der Stimmen. Und dann müsste man die Möglichkeit für Mitgliedsländer schaffen, ob zwangsweise, verordnet oder freiwillig, für eine Zeit lang aus der Gemeinschaft auszutreten oder wenigstens in einem losen Verband dabei zu sein, zur eigenen Währung zurückzukehren und nach erfolgter Sanierung wieder neu eintreten zu dürfen. Innerhalb der EU haben sie ja kaum die Möglichkeit, durch Steuerung ihrer Währung auf Arbeitsmarkt, Lohnkosten und Wirtschaft Einfluss zu nehmen. So wie sich die EU jetzt sehen möchte, funktioniert sie nicht."

Es ergeben sich noch so viele weitere Fragen, aber ich sehe schon: Jeder ist der Gestalter seines eigenen Himmels, oder wenigstens der Vorstufe, in der er alles noch einmal überarbeiten kann.

Die Rückreise

Egon ruft mich. Ich habe befürchtet, dass dieser Augenblick kommt. Ich will aber noch nicht zurück. Ich habe noch so viel zu entdecken. Je mehr Antworten ich erhalte, desto mehr Fragen tun sich auf.

Wer oder was ist Gott? Kann ich ihn sehen? Wo ist er?

„Das kann ich dir nicht beantworten", sagt Egon, "du bist hier nur auf einer Zwischenstation und musst als Leiblicher zurück auf die Erde. Aber wer Gott sucht, hat ihn eigentlich schon gefunden. Das haben dir bereits deine Lehrer hier oben angedeutet. Vielleicht hilft dir meine eigene Theorie weiter, die aber - das sei nicht unerwähnt, auch subjektiv ist: Gott ist Substanz. Gott ist Alles. Gott ist die Luft, die du atmest. Gott ist Materie und Nichtmaterie."

„Warum heißt es dann im Alten Testament – Gott hat den Menschen nach seinem Ebenbild geschaffen?"

„Vielleicht, weil das System des Göttlichen in jedem von uns Menschen vorhanden ist. Und nicht nur in uns Menschen, auch in den Tieren, den Bergen, den Flüssen, den Steinen,… Überlass es deinem Bruder Jesus, dich zu ihm zu führen.

Komm, wir müssen zurück."

Ich kann ihm nicht mehr antworten. Alles dreht sich. Plötzlich bin ich in einem Nebel, der sich langsam lichtet. Alles wird schwer. Ich höre schlechter, sehe nicht mehr so scharf, rieche kaum etwas. Nein, muss ich wirklich zurück? Es ist, als würde ein Schmetterling zurückverwandelt in eine Raupe. Er muss sich scheußlich fühlen.

„Du wirst bald wieder die Freuden des Lebens genießen. Umso mehr, da du jetzt weißt, dass Besseres zu erwarten ist."

Das Flugzeug, die Piaggo, hat sich auf wundersame Weise wieder rund um uns aufgebaut. Ich spüre meine Beine, meine Hände, meinen Körper. Ich habe wieder einen Leib. Leider. Die Luft hat wieder Balken. Ich sehe am Horizont einen Flugplatz oder jedenfalls etwas, das wie eine Rollbahn aussieht. Egon nimmt die Funkverbindung auf und erhält die Landefreigabe. Wie kompliziert! Da oben ging alles ohne Kommunikation, die Gedanken genügten. Ich kann mich erinnern, dass wir beim Start keine Startfreigabe benötigten.

„Langsam muss ich dich ja wieder an diese Erde gewöhnen", gibt mir Egon zu verstehen.

Wir entsteigen dem Flugzeug. Kein Gepäck, trotz einer so langen Reise. Mein Bruder und Freund Stefan werden wohl schon lange zu Hause sein. Irgendwie werde ich schon heimkommen und ihnen alles erzählen.

Egon und ich gehen Richtung Flugkantine, da sehe ich meinen Bruder winken. Hat er denn so lange gewartet? Wir mussten mehrere Wochen weg gewesen sein.

„Hallo", begrüßt mich mein Bruder. „Das war aber eine kurze Platzrunde".

„Kurz? Du wirst es nicht glauben, was ich alles zu erzählen habe."

„Red keinen Blödsinn. Ihr seid kaum fünf Minuten in der Luft gewesen."

Ich blicke zu Egon. Er legt den Zeigefinger an seinen Mund und auf einmal höre ich ihn sagen, ohne dass er seine Lippen bewegt:

„Gib dir keine Mühe, das glaubt dir niemand!"

© 2020 Rudi Bacher
Zweite Auflage

Autor: Rudi Bacher
Umschlaggestaltung, Illustration: Franz Pinsel

Verlag & Druck: tredition GmbH, Halenreie 40-44, 22359 Hamburg
ISBN
978-3-347-10734-2 (Paperback)
978-3-347-10735-9 (Hardcover)
978-3-347-10736-6 (e-Book)

Bibliografische Information der Deutschen Nationalbibliothek: Die
Deutsche Nationalbibliothek verzeichnet diese Publikation in der
Deutschen Nationalbibliografie; detaillierte bibliografische Daten sind
im Internet über http://dnb.d-nb. de abrufbar.